LA ORACIÓN DE LOS FIELES

P. Enrique Escribano

Primera edición
Guayaquil, Ecuador, 15 de julio de 2025
Versión 6.41

Shoreless Lake Press

© 2025 Shoreless Lake Press
ISBN 978-1-953170-51-4

Ninguna parte de esta publicación puede ser reproducida por ningún medio sin el previo permiso por escrito del poseedor de los derechos.

INTRODUCCIÓN

La presente obra muestra oraciones de los fieles para la Misa, como cualquier otro libro de este estilo, pero a diferencia de los demás presenta las siguientes características:

1. Se ha intentado evitar las peticiones sociológicas e ideológicas que tienen cierto aire de teología de la liberación. Se ha buscado más un mensaje espiritual aunque fueran peticiones por las necesidades materiales del ser humano.

2. Se ha buscado hacer peticiones breves y no largas peticiones que parecen más un discurso. Lo bueno, si breve, dos veces bueno.

3. Se han incluido algunas peticiones más actuales por los problemas que afectan en el mundo de hoy: aborto, eutanasia...

4. Se ha buscado una mayor conexión entre las peticiones y el santo, fiesta o evangelio del día.

Por lo demás, se ha respetado, en general, la estructura de la oración de los fieles, con cuatro peticiones: por la Iglesia, las autoridades, los que sufren y por nosotros.

PRINCIPALES SANTOS Y SOLEMNIDADES

Santa María Madre de Dios
1 de enero

Oremos, hermanos, en este día en que se nos ha manifestado la bondad de Dios confiados en su infinita misericordia.

- Por la Santa Iglesia: para que espere con fe y reciba con gozo a Jesucristo, que nació de María.
Roguemos al Señor.

- Por todos los pueblos de la tierra: para que la Virgen María nos cuide con su amor de madre.
Roguemos al Señor.

- Por los que sufren: para que sean socorridos y encuentren consuelo en el Misterio del Nacimiento de Cristo.
Roguemos al Señor.

- Para que Dios Nuestro Señor nos dé un año feliz, alegrándonos con los bienes de la tierra y enriqueciéndonos con los del cielo.
Roguemos al Señor.

Dios todopoderoso, cuyo trono permanece siempre y cuyos años no se acaban; escucha nuestras plegarias y bendice el año que hoy empieza para que nuestras almas encuentren el camino hacia ti. Por Jesucristo Nuestro Señor.

Epifanía
6 de enero

Oremos, hermanos, a Dios Padre todopoderoso que nos ha manifestado su salvación y la radiante luz de su nacimiento.

- Por la Santa Iglesia extendida por todo el universo: para que todas las naciones caminen a su luz y los pueblos se reúnan en su seno.
 Roguemos al Señor.

-Por los que aún no han sido iluminados por la fe: para que también ellos reconozcan a Cristo y lo adoren como Dios verdadero.
 Roguemos al Señor.

- Por los niños: para que reciban la atención que necesitan y se formen en la verdad.
 Roguemos al Señor.

- Por nosotros: para que podamos contemplar a Jesucristo eternamente.
 Roguemos al Señor.

Dios todopoderoso y eterno; humildemente te pedimos que escuches nuestras oraciones para que tu luz radiante habite siempre en nosotros y se manifieste también a todos los hombres.
 Por Jesucristo Nuestro Señor.

Bautismo del Señor

Oremos, hermanos, a Dios Padre todopoderoso que nos ha manifestado a su Hijo entre nosotros.

- Por la Santa Iglesia: para que todos sus miembros, los bautizados, seamos ejemplo de vida.
  Roguemos al Señor.

-Por los que aún no han recibido la fe: para que escuchen la voz del Señor.
  Roguemos al Señor.

- Por los que sufren injusticias: para que con tu ayuda se cumpla toda justicia.
  Roguemos al Señor.

- Para que nosotros siempre seamos hijos de tu complacencia.
  Roguemos al Señor.

Padre Santo, concédenos cuanto te hemos pedido y que tu Espíritu Santo descienda sobre nosotros.
  Por Jesucristo Nuestro Señor.

San Francisco de Sales
24 de enero

Recordando a los santos que vivieron la virtud de la caridad con especial devoción, oremos hermanos a Dios, nuestro Padre.

- Por la Iglesia: para que la caridad de todos sus miembros nos identifique como discípulos de Jesús.
    Roguemos al Señor.

- Por los que están alejados de la fe: para que, al igual que San Francisco de Sales, que convirtió a tantos, nosotros mismos los atraigamos a la fe verdadera.
    Roguemos al Señor.

- Por los que están abandonados u olvidados: para que se consuelen con la dulzura de Dios.
    Roguemos al Señor.

- Para que, como propuso San Francisco de Sales, nosotros amemos siempre y sin medida.
    Roguemos al Señor.

Escucha, Dios Padre, nuestra oración: Que por intercesión de tus santos no nos falte tu amorosa ayuda.
    Por el mismo Jesucristo Nuestro Señor.

Purificación de María
2 de febrero

Recordando las maravillas que hiciste en la Virgen María, oremos a Dios, fuente de toda gracia y santidad.

- Por la Iglesia: para que enseñe fiel y valientemente la verdad revelada.
  Roguemos al Señor.

- Por los que nunca han recibido el mensaje del evangelio: para que obren siempre bajo tu inspiración.
  Roguemos al Señor.

- Por los catequistas: para que sepan transmitir la verdad de la fe y la grandeza de tu amor.
  Roguemos al Señor.

- Por nosotros: para que nos sometamos siempre a la ley de Dios.
  Roguemos al Señor.

Escucha, Dios eterno, nuestra oración: Concédenos un alma pura para alabarte siempre en el cielo junto a la Purísima Virgen María.
  Por el mismo Jesucristo Nuestro Señor.

Presentación del Señor
2 de febrero

Presentemos al Señor nuestras súplicas en su templo santo.

- Por la Iglesia: para que sea luz del mundo.
   Roguemos al Señor.

- Por los que no conocen a Cristo: para que sea presentado y aceptado en sus vidas.
   Roguemos al Señor.

- Por los padres de familia: para que sepan educar a sus hijos en la fe.
   Roguemos al Señor.

- Por nosotros: para que nuestra vida sea motivo de resurrección y no de caída ante los demás.
   Roguemos al Señor.

Escucha, Padre, nuestra oración: Concédenos llegar a estar siempre en tu presencia.
   Por el mismo Jesucristo Nuestro Señor.

Nuestra Señora de Lourdes
11 de febrero

Recordando a la Inmaculada Virgen María, Madre de Nuestro Señor, oremos a Dios

- Por todos los miembros de la Iglesia: para que nos purifiques de nuestras faltas y siempre busquemos el sacramento de la penitencia.
Roguemos al Señor.

- Por los que no te conocen: para que se conviertan contemplando tus maravillas.
Roguemos al Señor.

- Por los enfermos: para que los alivies en sus sufrimientos.
Roguemos al Señor.

- Por todos nosotros, necesitados de perdón y de penitencia.
Roguemos al Señor.

Escucha, Dios eterno, nuestra oración: Concédenos la salud del alma y del cuerpo, y danos tu salvación.
Por el mismo Jesucristo Nuestro Señor.

San José
19 de marzo

Recordando hoy especialmente al esposo de María, elevemos nuestra oración al Padre celestial en nombre de toda la familia humana.

- Por la Santa Iglesia de Dios: para que guarde siempre la palabra divina libre de todo error y la predique por el mundo con santa audacia.
 Roguemos al Señor.

- Por los constituidos en autoridad: para que con espíritu de servicio trabajen en bien de todos.
 Roguemos al Señor.

- Por todos los padres de familia: para que cuiden y guíen a los suyos hacia Dios.
 Roguemos al Señor.

- Por los que estamos aquí reunidos: para que, libres de todo pecado alcancemos el reino de los santos.
 Roguemos al Señor.

Pastor eterno, cuida a tu rebaño con amor y atiende las súplicas de los que celebran hoy tus maravillas al conmemorar al esposo de la Madre de tu Unigénito.
 Por el mismo Jesucristo Nuestro Señor.

La Anunciación
25 de Marzo

Recordando el momento en que la palabra de Dios se hizo carne y habitó entre nosotros, presentamos nuestras humildes súplicas por mediación de Aquel que se hizo hombre por nosotros.

- Por la Iglesia: para que reciba en su corazón y difunda la palabra divina, a ejemplo de María.
Roguemos al Señor.

- Por todas las naciones: para que reconozcan el valor de la vida humana de los no nacidos.
Roguemos al Señor.

- Por los enfermos y los que sufren: para que, por la Encarnación, reciban con esperanza el anuncio de la redención de sus penas.
Roguemos al Señor.

- Por todos y cada uno de los presentes: para que, atentos a la palabra de Dios, estemos siempre dispuestos a hacer su voluntad.
Roguemos al Señor.

Dígnate escuchar nuestras súplicas, Señor, confiados en la intercesión de aquélla que hoy fue anunciada como la Madre de tu Hijo.
Por el mismo Jesucristo Nuestro Señor.

Domingo de Resurrección

Oremos, hermanos, al Padre que con su bondad nos ha salvado de la muerte, por la Resurrección de su Hijo Jesucristo.

- Para que llene con sus dones a la Santa Iglesia, purificada con la sangre de Cristo y glorificada con su exaltación.
 Roguemos al Señor.

- Para que todos los hombres puedan contemplar la gloria de Dios.
 Roguemos al Señor.

- Para que todos los que padecen necesidad en el alma o en el cuerpo sientan el auxilio del cielo.
 Roguemos al Señor.

- Para que Dios se digne bendecir nuestra comunidad y a nuestras familias.
 Roguemos al Señor.

Oh Dios, que nos alegras con la solemnidad de la Resurrección; escucha las oraciones de tu pueblo y concede a cuantos te imploran alcanzar lo que santamente desean.
 Tú que vives y reinas por los siglos de los siglos.

Santa Catalina de Siena
29 de abril

Recordando a los santos que por amor a Dios consagraron su vida a tu servicio, oremos al Padre.

- Por la Iglesia: para que sea santa en sus miembros y sabia en sus doctores.
Roguemos al Señor.

- Por los no creyentes: para que se conviertan por el ejemplo de los santos.
Roguemos al Señor.

- Por los que son tentados: para que reciban la fuerza que les permita algún día contemplarte en el cielo.
Roguemos al Señor.

- Por nosotros: para que seamos capaces de vivir las dificultades diarias con alegría.
Roguemos al Señor.

Escucha, Dios eterno, nuestra oración y acude en nuestra ayuda.
Por el mismo Jesucristo Nuestro Señor.

La Ascensión

Pidamos a Dios todopoderoso, que ha revestido de honor y de gloria a su Hijo, que escuche la oración de la Iglesia, peregrina aún por la tierra.

- Por la Iglesia: para que fiel a su misión anuncie el evangelio a toda criatura.
 Roguemos al Señor.

- Por los fieles que sufren persecución en este mundo: para que el Señor los consuele y fortalezca por la virtud del Espíritu Santo.
 Roguemos al Señor.

- Por los enfermos: para que el Padre que glorificó el cuerpo de su Hijo, cure también los dolores de los que sufren.
 Roguemos al Señor.

- Por nuestra parroquia: para que espere sin desfallecer la venida del reino.
 Roguemos al Señor.

Escucha, Dios eterno, nuestra oración: Concédenos que sintamos a tu Hijo entre nosotros, según su promesa, hasta el fin de los tiempos.
 Por el mismo Jesucristo Nuestro Señor.

Pentecostés

Oremos, hermanos, al Padre por mediación de su Hijo Jesucristo, que nos envía el Espíritu Santo.

- Para que el Señor envíe su Espíritu sobre la Iglesia y la llene de sus dones.
 Roguemos al Señor.

- Para que todos los hombres sean dóciles a las indicaciones del Espíritu Santo.
 Roguemos al Señor.

- Para que los enfermos, los abandonados y todos los que sufren reciban en abundancia el gozo del Espíritu Santo.
 Roguemos al Señor.

- Por el pueblo de Dios aquí reunido: para que la fuerza del Espíritu nos haga crecer a todos en la fe.
 Roguemos al Señor.

Oh Dios, escucha la oración de tu pueblo y multiplica los dones de tu Espíritu, para que realice también en nosotros las maravillas de Pentecostés.
 Por Jesucristo Nuestro Señor.

La Santísima Trinidad

Oremos a Dios, que es nuestro Padre, por medio de su Hijo Jesucristo, en el Espíritu Santo que hemos recibido.

- Por la Santa Iglesia de Dios: para que predique con valentía al único Dios verdadero.
  Roguemos al Señor.

- Por los que no creen: para que acepten en su corazón la verdad de la Santísima Trinidad.
  Roguemos al Señor.

- Por aquellos que sufren: para que encuentren el consuelo y la fortaleza del Espíritu.
  Roguemos al Señor.

- Por todos nosotros: para que vivamos en plenitud la vida divina presente en nuestros corazones, produciendo frutos de santidad.
  Roguemos al Señor.

Oh Dios, que has infundido en el corazón de tus fieles los dones del Espíritu Santo, acoge la oración de esta familia tuya y guíanos por los caminos de tu voluntad, para que cumplamos con amor cuanto te agrada.
  Por Jesucristo Nuestro Señor.

Corpus Christi

Por medio de Cristo, hecho alimento para nuestras almas, presentemos al Padre nuestra oración.

- Por la Iglesia: para que celebre con fe el sacramento del Cuerpo y Sangre de Cristo y se vea enriquecida con sus dones.
  Roguemos al Señor.

- Por todos los hombres: para que vivamos unidos y en paz en el cuerpo místico de Jesucristo.
  Roguemos al Señor.

- Por los obispos y sacerdotes: para que ofrezcan con abundancia el alimento necesario a quienes tienen hambre de Cristo.
  Roguemos al Señor.

- Por nosotros: para que, puesta nuestra esperanza en el retorno glorioso de Cristo, celebremos en la Eucaristía la prenda del reino futuro.
  Roguemos al Señor.

Señor, que te dignas alimentarnos con el sacramento del Cuerpo y Sangre de tu Hijo; escucha nuestra plegaria y concédenos cuanto te hemos pedido.
  Por Jesucristo Nuestro Señor.

San Antonio de Padua
13 de junio

Recordando a los santos que fueron un reflejo de Cristo, oremos al Padre.

- Para que la Iglesia lleve la palabra de Dios a todo el mundo.
  Roguemos al Señor.

- Por los que no tienen fe: para que el amor de Dios los convierta y les dé esperanza.
  Roguemos al Señor.

- Por los que sufren la amargura del temor: para que alcancen la alegría de la confianza en Dios.
  Roguemos al Señor.

- Para que siempre tengamos un profundo dolor por nuestros pecados.
  Roguemos al Señor.

Escucha, Dios eterno, nuestra oración, para que podamos contar a los demás tus maravillas.
  Por el mismo Jesucristo Nuestro Señor.

San Juan Bautista
24 de junio

Imploremos, hermanos, al Dios de misericordia, por las necesidades de todos los hombres.

- Por la Iglesia de Dios: para que sea santa en sus sacerdotes, sabia en sus doctores y resplandeciente por la caridad de sus fieles.
  Roguemos al Señor.

- Por todos los cristianos: para que seamos capaces de difundir con valentía y en todas partes el mensaje del Evangelio.
  Roguemos al Señor.

- Por los niños: para que reciban pronto el bautismo y comiencen a ser hijos de Dios.
  Roguemos al Señor.

- Por nosotros mismos: para que cuando aparezca Cristo, nuestra vida, recibamos de Él la corona eterna.
  Roguemos al Señor.

Concédenos, Señor, la protección de tus santos, para que sigamos de tal modo sus ejemplos que podamos, como ellos, llegar un día a tu Reino.
  Por Jesucristo Nuestro Señor.

San Pedro y San Pablo
29 de junio

En el gozo de la solemnidad de los santos apóstoles Pedro y Pablo, imploremos el auxilio divino sobre la Santa Iglesia, y oremos al Padre por las necesidades de todo el mundo.

- Por la Santa Iglesia de Dios: para que lleve a cabo su misión evangelizadora con valentía.
　　Roguemos al Señor.

- Para que por tus apóstoles difundan el mensaje del evangelio por todas las naciones.
　　Roguemos al Señor.

- Por los que sufren persecución a causa de su fe: para que permanezcan firmes en el testimonio cristiano.
　　Roguemos al Señor.

- Por nosotros, aquí reunidos: para que perseveremos fielmente en la enseñanza recibida de los apóstoles.
　　Roguemos al Señor.

Señor Dios nuestro: escucha nuestras súplicas, y por la intercesión de los apóstoles san Pedro y san Pablo, concédenos lo que te hemos pedido.
　　Por Jesucristo Nuestro Señor.

Santo Tomás apóstol
3 de julio

Inspirados en las palabras de Santo Tomás, "Señor mío y Dios mío" oremos al Padre solicitando su ayuda.

- Por la Iglesia, fundada sobre la roca de los apóstoles: para que predique el evangelio con la valentía del apóstol Tomás.
Roguemos al Señor.

- Por los que no tienen fe: para que tu presencia manifestada en nosotros sea motivo de su conversión.
Roguemos al Señor.

- Por nuestras familias: para que siempre las guíes por el camino que conduce hacia ti.
Roguemos al Señor.

- Por nosotros: para que en los momentos difíciles nuestra fe no se pierda por no ver tus milagros, y así, creamos siempre aun sin haberlos visto.
Roguemos al Señor.

Señor nuestro y Dios nuestro, pedimos a tu divina majestad aceptes nuestras súplicas.
Por Jesucristo Nuestro Señor.

La Virgen del Carmen
16 de julio

Con la intercesión de la Virgen del Carmen oremos a Dios Padre.

- Por la Iglesia: para que, como el monte Carmelo, sea siempre refugio de quienes quieren seguirte.
  Roguemos al Señor.

- Por toda la humanidad: para que, así como el fuego del cielo que descendió sobre el monte Carmelo para demostrar que Tú eres el Dios verdadero, también el fuego de nuestro amor les demuestre tu verdad.
  Roguemos al Señor.

- Por todos los que usan el escapulario del Carmen: para que los libres de todo mal.
  Roguemos al Señor.

- Por nosotros: para que siempre nos protejas del pecado y nos libres del fuego eterno.
  Roguemos al Señor.

Te lo pedimos Señor, con la intercesión de la Madre de tu Hijo Jesucristo, Nuestro Señor.
  Que contigo vive y reina por los siglos de los siglos.

Santiago Apóstol
25 de julio

Oremos a Dios Padre todopoderoso, que nos ha reunido en un solo pueblo para que derrame sobre nosotros y sobre todos los hombres los beneficios de su misericordia.

- Por la Santa Iglesia de Dios: para que anuncie con valentía el mensaje apostólico del Reino, dispuesta a beber el cáliz del Señor.
 Roguemos al Señor.

- Por cuantos se alejaron de la fe: para que Santiago apóstol reconquiste sus corazones a la fe.
 Roguemos al Señor.

- Por todos los que sufren: para que la gracia de Dios fortalezca su fe y les alivie en su dolor.
 Roguemos al Señor.

- Para que nosotros vivamos cada vez más atentos y con mayor fidelidad la palabra de Dios.
 Roguemos al Señor.

Dios todopoderoso y eterno, por la intercesión de tu Apóstol Santiago protege nuestra nación y a todos sus habitantes, dándoles los bienes que te pedimos.
 Por Jesucristo Nuestro Señor.

San Juan María Vianney
4 de agosto

Recordando a los santos que entregaron su vida para cuidar de su rebaño, oremos al Padre, que nos cuida con su Providencia.

- Por los sacerdotes: para que cuiden el rebaño a ellos encomendado.
 Roguemos al Señor.

- Para que el mundo se vea libre del poder del demonio.
 Roguemos al Señor.

- Por los pecadores que se arrepienten: para que hagan una buena confesión.
 Roguemos al Señor.

- Para que siempre rechacemos las tentaciones.
 Roguemos al Señor.

Escucha, Dios eterno, nuestra oración y aléjanos de todo mal.
 Por el mismo Jesucristo Nuestro Señor.

La Transfiguración del Señor
6 de agosto

Oremos a Dios Padre, que en Jesucristo nos ha revelado su divinidad.

- Por la Iglesia: para que sea luz que nos guíe en medio del mundo.
   Roguemos al Señor.

- Por los que buscan transformar el mundo: para que tengan siempre presente a Jesucristo.
   Roguemos al Señor.

- Por los que caminan por la oscuridad del pecado: para que vean con claridad el camino de salvación.
   Roguemos al Señor.

- Por nosotros: para que nuestra vida sea un reflejo del brillo de Jesucristo.
   Roguemos al Señor.

Dios Padre, luz que alumbra a las naciones, te rogamos que atiendas nuestras súplicas.
   Por el mismo Jesucristo Nuestro Señor.

La Asunción de la Virgen María
15 de agosto

En este día en que toda la Iglesia se regocija por el triunfo de María, llegue hasta el trono del Padre celestial la oración unánime de la Iglesia, que peregrina aún por la tierra.

- Por la Santa Iglesia: para que Dios Padre todopoderoso la llene de los dones del Espíritu.
    Roguemos al Señor.

- Por la conversión de todos los hombres.
    Roguemos al Señor.

- Por los hogares cristianos: para que el Señor los guarde en la santidad de su amor, los alegre con su luz y les conceda la esperanza firme del reino futuro.
    Roguemos al Señor.

- Por nosotros mismos: para que podamos contemplar en el Reino eterno el rostro de Cristo.
    Roguemos al Señor.

Escucha, Dios de bondad, las súplicas de tu Iglesia, que al ver glorificada en María la condición humana, te pide confiadamente los bienes temporales y eternos.
    Por Jesucristo Nuestro Señor.

Bienaventurada Virgen María, Reina
22 de agosto

Recordando a la excelsa Madre de Dios, Reina del cielo, suplicamos a Dios Padre que escuche nuestras oraciones.

- Por la Iglesia: para que María, Reina de los apóstoles, guíe siempre a sus pastores.
Roguemos al Señor.

- Por los niños: para que María, Reina de los Ángeles, los cuide.
Roguemos al Señor.

- Por todos los que sufren: para que María, Reina de los mártires, los consuele.
Roguemos al Señor.

- Por nosotros: para que María, Reina concebida sin pecado, nos libre de todo mal.
Roguemos al Señor.

Escucha, Dios eterno, nuestra oración y con la intercesión de María, Reina de todos los santos, concédenos cuanto te hemos pedido.
Por el mismo Jesucristo Nuestro Señor.

Santa Rosa de Lima
30 de agosto

Recordando a los santos que se consagraron a Cristo, oremos al Padre.

- Por las vocaciones en la Iglesia: para que crezcan en santidad.
  Roguemos al Señor.

- Por los perseguidores de la fe: para que el ejemplo de los santos les convierta.
  Roguemos al Señor.

- Por los que son perseguidos o maltratados: para que encuentren consuelo en Dios.
  Roguemos al Señor.

- Por nosotros: para que sepamos siempre perdonar y no guardar rencores o resentimientos.
  Roguemos al Señor.

Escucha, Dios eterno, nuestra oración.
Por el mismo Jesucristo Nuestro Señor.

Natividad de Santa María Virgen
8 de septiembre

Al celebrar, la Natividad de María, que dio al mundo a Cristo, el Salvador, invoquemos humildemente a nuestro Dios y Señor.

-Por la Iglesia inmaculada: para que Dios la llene de los dones del Espíritu Santo y conduzca a sus hijos a la perfección.
Roguemos al Señor.

- Por los gobernantes, jueces y médicos: para que cuiden siempre de la vida humana.
Roguemos al Señor.

- Por los perseguidos a causa de la fe: para que pongan su esperanza en Cristo, el Salvador.
Roguemos al Señor.

- Por cuantos estamos aquí reunidos: para que Dios nos haga fuertes en la tentación y generosos con nuestros hermanos.
Roguemos al Señor.

Escucha, Señor, las oraciones de tu pueblo, que venera con amor el nacimiento de la Madre de tu Unigénito: por su intercesión, derrama sobre nosotros los dones de tu bondad.
Por Jesucristo Nuestro Señor.

Santísimo Nombre de María
12 de septiembre

Recordando a María, nuestra Madre del cielo, oremos al Padre:

- Por la Iglesia: para que, con la protección de María, sea nuestra Madre en el camino del cielo.
Roguemos al Señor.

- Por los cristianos que no aceptan a María como la llena de gracia: para que tu gracia los lleve a la conversión, y a reconocerla como su Señora.
Roguemos al Señor.

- Por todos los que sufren: para que el dulce nombre de María los consuele.
Roguemos al Señor.

- Para que el ejemplo de la Purísima Virgen María nos lleve a conservar un corazón puro.
Roguemos al Señor.

Te lo pedimos, Señor, con la intercesión de María, la Madre de tu Hijo Jesucristo.
Que contigo vive y reina por los siglos de los siglos.

Exaltación de la Santa Cruz
14 de septiembre

Oremos a Dios Padre, que tanto amó al mundo que le entregó a su Hijo en la Cruz para salvarlo.

- Por la Iglesia: para que el Redentor del mundo la libre de todo mal.
    Roguemos al Señor.

- Por los que sufren injusticias: para que el Redentor del mundo les dé paciencia, alivio y consuelo.
    Roguemos al Señor.

- Por los enfermos: para que el Redentor del mundo les fortalezca en sus sufrimientos.
    Roguemos al Señor.

- Por nosotros: para que el Redentor del mundo nos conceda valentía para tomar la cruz de cada día.
    Roguemos al Señor.

Escucha, Dios Salvador, nuestras oraciones y concédenos lo que te hemos pedido.
    Por el mismo Jesucristo Nuestro Señor.

San Pío de Pietrelcina
23 de septiembre

Recordando la prodigalidad de los santos, oremos al Padre, generoso con todos.

- Para que hagamos nuestras las lágrimas y súplicas de la Iglesia.
　　Roguemos al Señor.

- Por los que están dominados por el mal: para que vean en el pecado el único mal del mundo.
　　Roguemos al Señor.

- Por los que pasan dificultad: para que confíen totalmente en Cristo.
　　Roguemos al Señor.

- Por nosotros: para que sigamos siempre los caminos del amor, la cruz y la oración.
　　Roguemos al Señor.

Escucha, Dios providente, nuestra oración.
　　Por el mismo Jesucristo Nuestro Señor.

San Miguel, San Gabriel y San Rafael
29 de septiembre

Pidamos al Señor, a quien alaban los ángeles, que escuche nuestra oración.

- Por la Iglesia: para que esté siempre custodiada por San Gabriel, fuerza de Dios, y difunda el evangelio por todas partes.
Roguemos al Señor.

- Por todos los hombres para que custodiados por su ángel de la guarda siempre te adoremos.
Roguemos al Señor.

- Por los que son tentados: para que San Miguel nos acompañe siempre en la lucha.
Roguemos al Señor.

- Por nosotros para que San Rafael, medicina de Dios, nos guíe por el buen camino y cuide nuestra salud.
Roguemos al Señor.

Escucha Padre las súplicas que te dirigimos y que con tus santos ángeles te presentamos.
Por Jesucristo Nuestro Señor.

San Francisco de Asís
4 de octubre

Recordando a los santos, auxilio de todos aquellos que los invocan, oremos al Padre.

- Por la Iglesia: para que se reconstruya de todas las imperfecciones de sus miembros.
  Roguemos al Señor.

- Por las almas del Purgatorio: para que emprendan ya su camino al Paraíso.
  Roguemos al Señor.

- Por los que sufren: para que amen la cruz y se abrasen en amor de Dios.
  Roguemos al Señor.

- Por nosotros: para que sepamos ser humildes, modestos y sencillos.
  Roguemos al Señor.

Escucha, Dios Padre, nuestra humilde oración.
  Por el mismo Jesucristo Nuestro Señor.

Santa Teresa de Jesús
15 de octubre

Recordando a los santos que fueron modelo de oración, presentamos a Dios nuestras súplicas.

- Por la Iglesia: para que se renueve en santidad y permanezca fiel en la oración.
Roguemos al Señor.

- Por los poetas y escritores: para que sepan poner las bases que ayuden a percibir la belleza de Dios.
Roguemos al Señor.

- Por todos los que rezan: para que no desfallezcan en la oración.
Roguemos al Señor.

- Por nosotros: para que renovemos constantemente nuestra vida interior.
Roguemos al Señor.

Padre, te pedimos llenos de confianza, nos concedas cuanto te hemos pedido.
Por el mismo Jesucristo Nuestro Señor.

San Antonio María Claret
24 de octubre

Recordando a los santos que trabajaron incansablemente huyendo de los halagos del mundo, oremos.

- Para que siempre estemos prestos a ayudar a la Iglesia a difundir por todo el mundo el mensaje del evangelio.
  Roguemos al Señor.

- Por los estudiantes y trabajadores: para que su esfuerzo sea para mayor gloria de Dios.
  Roguemos al Señor.

- Por los que sufren calumnias: para que reciban el consuelo del cielo.
  Roguemos al Señor.

- Por nosotros: para que siempre le tengamos un gran amor a la Eucaristía.
  Roguemos al Señor.

Escucha, Pastor eterno, nuestra oración, y líbranos de las ataduras de este mundo.
  Por el mismo Jesucristo Nuestro Señor.

Todos los Santos
1 de noviembre

Reunidos en la asamblea santa de los llamados al Reino eterno, y recordando a los que ya están en la gloria del cielo, presentemos al Padre los dolores y las necesidades de todos los hombres.

- Por la Santa Iglesia de Dios: para que el día del retorno de Cristo aparezca gloriosa y resplandeciente en todos sus miembros.
 Roguemos al Señor.

- Para que a todas las naciones llegue el ejemplo de los santos.
 Roguemos al Señor.

- Por todos los difuntos: para que Dios los acoja en su reino y les conceda la gloria de los santos.
 Roguemos al Señor.

- Por cuantos celebramos ahora esta fiesta: para que nos reunamos con los santos en el Reino eterno, contemplando la faz de Cristo glorioso.
 Roguemos al Señor.

Concede a tu pueblo, oh Dios, la protección de todos los santos a fin de que, por su intercesión, obtenga los beneficios que te implora.
 Por Jesucristo Nuestro Señor.

San Alberto Magno
15 de noviembre

Recordando a los santos que vieron en la naturaleza las huellas del Creador, oremos al Padre.

- Por la Iglesia: para que sea sabia y fiel en sus doctores.
Roguemos al Señor.

- Por los estudiantes: para que no les falte dedicación y esfuerzo como ofrenda a Dios.
Roguemos al Señor.

- Por los científicos: para que con sus trabajos y con sus descubrimientos nos permitan acercarnos más a Dios.
Roguemos al Señor.

- Para que sepamos hacer compatible nuestros trabajos con el crecimiento en la vida espiritual.
Roguemos al Señor.

Escucha, Dios Creador, nuestra oración y que tu divina sabiduría nos guíe.
Por el mismo Jesucristo Nuestro Señor.

Jesucristo, Rey del Universo

Elevemos nuestras oraciones a Dios, que quiere que todos los hombres se salven y lleguen al reino de su Hijo Jesucristo.

- Por la Iglesia: para que, como pueblo santo de Dios, aporte los bienes espirituales que ha recibido de Cristo.
Roguemos al Señor.

- Por los gobernantes: para que se sometan a Jesucristo, Rey del Universo.
Roguemos al Señor.

- Por los enfermos y cuantos sufren bajo el poder del mal: para que sientan el consuelo del Reino de Dios y su justicia.
Roguemos al Señor.

- Por los que celebramos religiosamente esta fiesta: para que no admitamos en nuestra vida otro poder superior que el de Cristo.
Roguemos al Señor.

Padre, Tú que has querido que tu Hijo Jesucristo reinara en el corazón de tus santos, haznos dóciles a tu voluntad para que alcancemos formar parte del Reino eterno.
Por el mismo Jesucristo Nuestro Señor.

Inmaculada Concepción
8 de diciembre

Oremos, amados hermanos, a Dios Padre, fuente de todo bien y origen de toda santidad.

- Por la Santa Iglesia católica y apostólica: para que el Señor la vivifique y la haga pura, a fin de que pueda alabarle con María en el cielo.
Roguemos al Señor.

- Por el mundo entero: para que no sea esclavizado por el pecado.
Roguemos al Señor.

- Por los que son víctimas de la debilidad humana y viven en pecado: para que el Señor les dé la gracia de la conversión.
Roguemos al Señor.

- Por todos nosotros: para que, imitando la santidad de María, nos mantengamos apartados de todo pecado.
Roguemos al Señor.

Escucha, oh Dios, la oración de tu Iglesia, para que, siguiendo el ejemplo de la gloriosa siempre Virgen María, Madre de tu Hijo Jesucristo, te sirva siempre, purificada de todo pecado.
Por Jesucristo Nuestro Señor.

Nochebuena y Navidad
25 de diciembre

Celebrando el glorioso nacimiento de Cristo el Señor, oremos al Padre que nos lo ha enviado para nuestra salvación.

- Para que el Señor bendiga a la Iglesia y venga en ayuda de sus pastores.
  Roguemos al Señor.

- Para que todos los pueblos de la tierra reciban el mensaje de la venida de Cristo Jesús.
  Roguemos al Señor.

- Para que dé consuelo a quienes, lejos de sus hogares, sufren estos días la soledad, la enfermedad o la fatiga.
  Roguemos al Señor.

- Por los que estamos aquí reunidos: para que al celebrar el nacimiento de Cristo, renazcamos a una vida nueva de santidad.
  Roguemos al Señor.

Escucha complacido, Dios todopoderoso, la oración del pueblo que te invoca al celebrar el nacimiento de tu Unigénito, y concédele cuanto te pide.
  Por Jesucristo Nuestro Señor.

La Sagrada Familia

Oremos al Señor nuestro Dios, Padre de la gran familia humana.

- Por los pastores de la Iglesia: para que sepan educar en la fe a la familia de los hijos de Dios.
Roguemos al Señor.

- Por los gobernantes: para que protejan siempre a las familias.
Roguemos al Señor.

- Por todos los hogares: para que siempre se mantengan unidos en el amor a ejemplo de la Sagrada Familia de Nazaret.
Roguemos al Señor.

- Por nosotros, aquí reunidos; para que la Eucaristía que celebramos fomente en nosotros el espíritu de familia.
Roguemos al Señor.

Escucha, Señor, la plegaria de tu Iglesia que pone su confianza en tu amor y su mirada en el hogar de Nazaret.
Por Jesucristo Nuestro Señor.

COMÚN DE LOS SANTOS

Santa María Virgen I

Dirijamos confiados nuestra oración a Dios Padre, que ha prometido habitar en los corazones de aquellos que, como María, guardan su Palabra.

- Por los pastores de la Iglesia: para que, formados con María, reina de los Apóstoles, sean fieles mensajeros de la palabra de Dios.
Roguemos al Señor.

- Por la unidad de todos los cristianos bajo la protección de María.
Roguemos al Señor.

- Por los niños: para que puedan crecer en edad, sabiduría y gracia en un ambiente familiar en que reinen la armonía y el sentido cristiano.
Roguemos al Señor.

- Por nosotros: para que aprendamos de María a confiar humildemente en la palabra de Dios.
Roguemos al Señor.

Acoge, Padre, nuestras súplicas y derrama sobre nosotros la luz de tu Espíritu para que, a ejemplo de la Virgen María, sepamos glorificar tu nombre con santidad de vida.
Por Jesucristo Nuestro Señor.

Santa María Virgen II

Oremos a Dios Padre, que ha querido que la Madre de su Hijo fuese Santísima, llena de gracia y de bendición, para que nos haga partícipes de esa misma riqueza.

- Por la Santa Iglesia: para que todo hombre pueda experimentar en ella la fuerza del amor del Padre.
Roguemos al Señor.

- Por los jóvenes: para que se eduquen en el amor puro bajo el cuidado de María.
Roguemos al Señor.

- Por los esposos cristianos: para que su unión sea testimonio del amor de Cristo a su Iglesia.
Roguemos al Señor.

- Por nosotros: para que, a ejemplo de María, podamos corresponder con generosidad a las exigencias de la vida cristiana.
Roguemos al Señor.

Padre, que nos amas, escucha, por la materna intercesión de María, nuestro deseo sincero de vivir como hijos tuyos.
Por Jesucristo Nuestro Señor.

Santa María Virgen III

Por intercesión de la santa Madre de Dios, oremos a Dios nuestro Padre.

- Por los que sufren persecución a causa del Evangelio: para que nada les pueda separar del amor de Cristo.
 Roguemos al Señor.

- Por todos los que sufren: para que en María, nuestra Corredentora, encuentren fortaleza.
 Roguemos al Señor.

- Por todos los cristianos: para que, como María, busquen ante todo el Reino de los Cielos, y experimenten su protección.
 Roguemos al Señor.

- Por nosotros: para que, invocando a María como vida, dulzura y esperanza nuestra, recibamos de ella la perseverancia hasta el día del luminoso encuentro con su Hijo.
 Roguemos al Señor.

Escucha, Padre, nuestra oración, que te presentamos por medio de la purísima Virgen María, nuestra Madre, mediadora de tu Hijo.
 Que contigo vive y reina por los siglos de los siglos.

Santa María Virgen IV

Elevemos nuestras súplicas al Salvador del mundo, que quiso nacer de María siempre Virgen.

- Por el pueblo santo de Dios: para que, como María, que cooperó en la obra de la redención, sea también testigo de la fe ante el mundo.
Roguemos al Señor.

- Por todos los creyentes: para que María los guíe a la Verdad.
Roguemos al Señor.

- Por los padres de familia: para que, a ejemplo de María, que vivió la experiencia de la vida privada de su Hijo, sepan vivir en el mundo la fuerza de la fe.
Roguemos al Señor.

- Por todos nosotros: para que alcancemos por mediación de María la alegría del Reino de su Hijo.
Roguemos al Señor.

Dios todopoderoso y eterno, que acogiste a María para ser la Madre de tu Hijo, ayúdanos a ser como ella en todo momento.
Por Jesucristo Nuestro Señor.

Santa María Virgen V

Acudamos a Dios todopoderoso que eligió a María como Madre de Dios y Madre nuestra, y presentémosle por su intercesión nuestras humildes súplicas.

- Por los pastores del pueblo de Dios: para que, a ejemplo de María, reina de los Apóstoles, correspondan a su vocación con una vida santa.
Roguemos al Señor.

- Para que brille la caridad y la justicia en nuestra patria y todas las naciones.
Roguemos al Señor.

- Por la salud de los enfermos y el consuelo de los afligidos.
Roguemos al Señor.

- Por nosotros: para que María sea siempre nuestro auxilio y causa de nuestra alegría.
Roguemos al Señor.

Escucha, Dios de bondad, las oraciones de tu pueblo y dígnate acceder a nuestras peticiones, pues las ponemos bajo la protección de la Madre de tu Unigénito, Nuestro Señor Jesucristo.
El cual vive y reina contigo por los siglos de los siglos.

Santa María Virgen VI

Elevemos nuestras voces suplicantes al Padre todopoderoso, y por la intercesión de la gloriosa Madre de Dios, invoquemos la misericordia divina por las necesidades de todo el mundo.

- Para que el Señor otorgue la firmeza de la fe, la alegría de la esperanza y el fervor de la caridad a la Santa Iglesia.
Roguemos al Señor.

- Por todos los que no conocen a Cristo: para que sean conducidos hasta Él guiados por el amor maternal de María.
Roguemos al Señor.

- Por el descanso eterno de nuestros difuntos.
Roguemos al Señor.

- Para que cuantos lloran en este valle de lágrimas sientan la protección de María y se vean libres de sus angustias.
Roguemos al Señor.

Dios todopoderoso, que constituiste a María Madre de Jesucristo y Madre nuestra, concédenos experimentar el poder de tan excelsa intercesora.
Por Jesucristo Nuestro Señor.

Pastores I

Oremos a Dios Padre, que con su providencia nos guía.

- Por los pastores de la Iglesia: para que a ejemplo del buen pastor guíen y cuiden al rebaño a ellos encomendado.
Roguemos al Señor.

- Por todos los educadores: para que enseñen la verdad de la sana doctrina.
Roguemos al Señor.

- Por los que no tiene quien les guíe hacia Dios: para que no se extravíen.
Roguemos al Señor.

- Por nosotros: para que siguiendo el ejemplo de los santos sepamos imitarlos.
Roguemos al Señor.

Dios todopoderoso, Pastor eterno, concédenos cuanto te hemos pedido y acógenos siempre bajo tu protección.
Por Jesucristo Nuestro Señor.

Pastores II

Oremos, hermanos, a Dios Padre, por la intercesión de su Hijo, el Buen Pastor.

- Por toda la Iglesia: para que sea fiel a la doctrina revelada.
 Roguemos al Señor.

- Por los padres de familia: para que sean verdaderos guías de sus hijos.
 Roguemos al Señor.

- Por los huérfanos: para que no les falte quien les oriente en su vida.
 Roguemos al Señor.

- Por nosotros: para que nuestro buen hacer sea ejemplo para los demás.
 Roguemos al Señor.

Dios todopoderoso, concédenos especialmente tu gracia, para que iluminado nuestro entendimiento sepamos seguir tus pasos.
 Por Jesucristo Nuestro Señor.

Pastores III

Oremos al Padre, con la intercesión de sus santos, para que nos guíe a la Verdad completa.

- Por la Iglesia: para que siempre nos guíe sin dejarse arrastrar por el mundo.
Roguemos al Señor.

- Por todos los que difunden la fe: para que siempre sean fieles a la Escritura, la Tradición y el Magisterio.
Roguemos al Señor.

- Por los que no tienen oportunidad de recibir educación para que no les falte formación espiritual.
Roguemos al Señor.

- Por nosotros: para que profundicemos en el conocimiento de Dios y sepamos responder a quien nos pide razones de nuestra fe.
Roguemos al Señor.

Dios omnisciente, enséñanos el camino de la salvación.
Por Jesucristo Nuestro Señor.

Pastores IV

Oremos a Dios por intercesión de su Hijo, el Cordero de Dios, obediente hasta la muerte y muerte de cruz.

- Por la Iglesia: para que sea fiel y obediente a Cristo, su cabeza.
 Roguemos al Señor.

- Por los párrocos: para que sean fieles transmisores del mensaje del evangelio.
 Roguemos al Señor.

- Por los niños de la catequesis: para que se formen bien en la doctrina cristiana.
 Roguemos al Señor.

- Por nosotros: para que nunca descuidemos nuestra vida espiritual.
 Roguemos al Señor.

Dios todopoderoso, muéstranos el camino de Salvación y ayúdanos a seguirlo.
 Por Jesucristo Nuestro Señor.

Pastores V

Oremos a Dios Padre, Pastor eterno.

- Por la Santa Madre Iglesia: para que guíe a sus hijos por el buen camino.
　　Roguemos al Señor.

- Por todos los que tienen autoridad: para que sepan guiar a sus súbditos con sabiduría.
　　Roguemos al Señor.

- Por los que cuidan de los enfermos: para que les des paciencia y los llenes de caridad.
　　Roguemos al Señor.

- Por nosotros: para que sepamos aconsejar sabiamente a los demás
　　Roguemos al Señor.

Dios todopoderoso, acepta nuestras preces y no permitas que nos separemos de Ti.
　　Por Jesucristo Nuestro Señor.

Pastores VI

Oremos a Dios por intercesión de su Hijo, el Señor, nuestro Pastor, para que nada nos falte.

- Por la Iglesia: para que guíe a sus hijos con sabiduría.
 Roguemos al Señor.

- Por los profesores y maestros: para que guíen a sus alumnos por el buen camino.
 Roguemos al Señor.

- Por todos los que sufren: para que tu vara y tu cayado les sosieguen.
 Roguemos al Señor.

- Por nosotros: para que nos conduzcas hacia fuentes tranquilas y repares nuestras fuerzas.
 Roguemos al Señor.

Dios Padre, concédenos cuanto te hemos pedido y guíanos por el sendero justo.
 Por Jesucristo Nuestro Señor.

Mártires I

Oremos a Dios Padre, con la intercesión de los mártires.

- Por la Iglesia: para que con valentía siempre defienda y enseñe la fe ante el mundo.
Roguemos al Señor.

- Por los jefes de las naciones: para que no opriman y avasallen a sus habitantes.
Roguemos al Señor.

- Por los que sufren: para que encuentre fortaleza en el ejemplo de los mártires.
Roguemos al Señor.

- Por nosotros: para que luchemos contra el pecado hasta la sangre.
Roguemos al Señor.

Dios todopoderoso, concédenos la fortaleza necesaria para tomar la cruz de cada día.
Por Jesucristo Nuestro Señor.

Mártires II

Recordando a quienes supieron amar a Dios hasta dar su vida, pidamos a Dios que escuche nuestras súplicas.

- Para que todos los miembros de la Iglesia estén dispuestos a confesar siempre a Cristo, escándalo para los judíos y locura para los gentiles.
Roguemos al Señor.

- Por todos los cristianos que viven su fe perseguidos: para que perseveren en medio de las dificultades.
Roguemos al Señor.

- Por los enfermos: Para que no caigan en desesperanza.
Roguemos al Señor.

- Por nosotros: para que vivamos la paciencia en las contrariedades de cada día.
Roguemos al Señor.

Dios todopoderoso, concédenos ser fieles al evangelio y tomar el camino de la Salvación.
Por Jesucristo Nuestro Señor.

Mártires III

Oremos a Dios, por intercesión de Jesucristo que entregó su vida por nuestra Salvación.

- Para que la Iglesia se vea fortalecida por el testimonio de los mártires.
Roguemos al Señor.

- Por los perseguidores de la Iglesia: para que la sangre de los mártires les obtenga la conversión.
Roguemos al Señor.

- Por los que sufren humillaciones y calumnias: para que tengan la fortaleza necesaria para llevar su cruz.
Roguemos al Señor.

- Para que seamos capaces de beber el cáliz del Señor.
Roguemos al Señor.

Dios todopoderoso, por intercesión de tus mártires, concédenos cuanto te hemos pedido.
Por Jesucristo Nuestro Señor.

Mártires IV

Oremos a Dios Padre, por la intercesión de su Hijo que murió en la cruz por nuestros pecados.

- Para que la Iglesia y todos sus miembros tengan la valentía de los mártires.
　　Roguemos al Señor.

- Por las autoridades: para que siendo los primeros sean los últimos y servidores de todos.
　　Roguemos al Señor.

- Por los moribundos: para que encuentren el consuelo y la paz en la entrega de los mártires.
　　Roguemos al Señor.

- Para que nosotros vivamos nuestra fe con la convicción de "antes morir que pecar".
　　Roguemos al Señor.

Dios todopoderoso, acoge nuestras súplicas.
　　Por Jesucristo Nuestro Señor.

Mártires V

Oremos a Dios Padre, que quiso que su Hijo fuera a la muerte por la salvación de todos.

- Para que la Iglesia sea valiente para proclamar la verdad.
 Roguemos al Señor.

- Por los pobres de espíritu: para que tengan la alegre certeza de poseer el Reino de los Cielos.
 Roguemos al Señor.

- Por las familias separadas: para que sanes sus heridas.
 Roguemos al Señor.

- Para que nosotros sepamos sobrellevar las cargas de cada día.
 Roguemos al Señor.

Dios Padre de todo consuelo, escucha nuestras oraciones.
 Por Jesucristo Nuestro Señor.

Mártires VI

Oremos a Dios Padre, por todos los hombres en este Valle de lágrimas.

- Por la Iglesia en los lugares donde es perseguida: para que conserve la alegría de saber que su recompensa será grande en el cielo.
  Roguemos al Señor.

- Por todos los que lloran: para que pronto sean consolados.
  Roguemos al Señor.

- Por los que sufren con hambre y sed de justicia: para que pronto sean saciados.
  Roguemos al Señor.

- Para que todos nosotros llevemos con alegría la Cruz de cada día.
  Roguemos al Señor.

Dios misericordioso, acepta nuestras súplicas y concédenos tu consuelo.
  Por Jesucristo Nuestro Señor.

Apóstoles I

Oremos a Dios, que quiere que todos los hombres se salven y lleguen al conocimiento de la verdad.

- Para que la Iglesia y sus ministros sean ejemplo para el pueblo cristiano.
Roguemos al Señor.

- Por los gobernantes: para que respeten siempre la ley natural.
Roguemos al Señor.

- Por todos los que están desatendidos, como ovejas sin pastor: para que encuentren el camino hacia el cielo.
Roguemos al Señor.

- Para que seamos siempre obedientes al Magisterio de la Iglesia.
Roguemos al Señor.

Concédenos Padre ser testigos del evangelio en el mundo.
Por Jesucristo Nuestro Señor.

Apóstoles II

Oremos al Padre, por intercesión de los apóstoles a quienes tu Hijo Jesucristo dejó la misión de predicar el evangelio a todas las gentes.

- Por todos los obispos: para que cuiden del rebaño a ellos encomendado.
Roguemos al Señor.

- Por los que no tienen fe: para que encuentren en nosotros apóstoles que les muestren el camino hacia el cielo.
Roguemos al Señor.

- Por todos los que enseñan la doctrina cristiana: para que la muestren en toda su verdad y alegría.
Roguemos al Señor.

- Para que seamos siempre obedientes a los Mandamientos de la ley de Dios.
Roguemos al Señor.

Concédenos Padre ser fieles evangelizadores en el mundo.
Por Jesucristo Nuestro Señor.

Apóstoles III

Edificados sobre el cimiento de los apóstoles, oremos al Padre por su pueblo santo.

- Por toda la Iglesia: para que se conserve en la unidad, con una sola fe.
    Roguemos al Señor.

- Por todos los alejados de la Iglesia: para que tu gracia los guíe a la verdad.
    Roguemos al Señor.

- Por los que por sus sufrimientos tienen dudas de fe: para que los alivies y los guíes por el buen camino.
    Roguemos al Señor.

- Para que todos los aquí presentes creamos fielmente lo que Tú nos has revelado y la Iglesia, por medio de sus apóstoles, nos ha enseñado.
    Roguemos al Señor.

Dios todopoderoso, concédenos lo que te pedimos y condúcenos a las alegrías del cielo.
    Por Jesucristo Nuestro Señor.

Apóstoles IV

Oremos al Padre por todo el pueblo santo de Dios.

- Por todos los ministros de la Iglesia: para que la misión que Dios les encomendó la lleven a término.
Roguemos al Señor.

- Para que llegue el mensaje del evangelio a todas las naciones.
Roguemos al Señor.

- Para que sin miedos podamos llevar la fe a los que no creen.
Roguemos al Señor.

- Para que todos los miembros de la Iglesia seamos fieles a la Tradición que nos dejaron los apóstoles.
Roguemos al Señor.

Dios todopoderoso, concédenos tu gracia para que podamos seguirte.
Por Jesucristo Nuestro Señor.

Vírgenes I

Oremos a Dios, por intercesión de tu Hijo Jesucristo.

- Por la Iglesia: para que sea santa en sus consagrados.
Roguemos al Señor.

- Por los que influyen en el gobierno de los pueblos: para que actúen bajo intenciones puras y de bien común.
Roguemos al Señor.

- Por los niños: para que conserven su inocencia.
Roguemos al Señor.

- Por nosotros: para que vivamos con un corazón puro.
Roguemos al Señor.

Dios todopoderoso, que amas la inocencia, concédenos cuanto te pedimos con humildad.
Por Jesucristo Nuestro Señor.

Vírgenes II

Oremos a Dios, por intercesión de quienes se consagraron a Cristo.

- Para que tu Iglesia se presente siempre sin mancha, y que sea santa e inmaculada.
Roguemos al Señor.

- Por los responsables de los medios de comunicación: para que actúen siempre bajo tus leyes y respeten la moral cristiana.
Roguemos al Señor.

- Por los jóvenes: para que abran sus ojos a la belleza de un corazón puro.
Roguemos al Señor.

- Por nosotros: para que estemos siempre libres de toda mancha de pecado.
Roguemos al Señor.

Dios todopoderoso, suplicamos la ayuda de tu gracia para poder compartir contigo la eternidad en el cielo.
Por Jesucristo Nuestro Señor.

Vírgenes III

Oremos a Dios, fuente de toda pureza.

- Para que la Iglesia esté siempre bajo la protección de la Purísima Virgen María, Madre de la Iglesia.
Roguemos al Señor.

- Por los adolescentes: para que crezcan y se formen en un ambiente espiritual.
Roguemos al Señor.

- Por los esposos: para que cuiden de la felicidad del hogar con su fidelidad y amor.
Roguemos al Señor.

- Para que los que estamos aquí reunidos podamos purificarnos en el Santo Sacrificio.
Roguemos al Señor.

Dios todopoderoso, concédenos estas súplicas y consérvanos siempre cerca de ti.
Por Jesucristo Nuestro Señor.

Vírgenes IV

Oremos al Padre, por intercesión de los santos que consagraron su vida para seguir a Jesucristo.

- Para que Dios conserve a los religiosos consagrados en pobreza, castidad y obediencia.
   Roguemos al Señor.

- Por todos los que son esclavos del pecado: para que sean liberados.
   Roguemos al Señor.

- Por los novios: para que su amor a Dios les enseñe el camino del amor humano.
   Roguemos al Señor.

- Para que nosotros te amemos con todo el corazón y todo nuestro ser.
   Roguemos al Señor.

Dios todopoderoso y eterno, enriquece con tus dones a quienes asiduamente quieren servirte.
   Por Jesucristo Nuestro Señor.

Santos I

Oremos a Dios, fuente de toda santidad.

- Para que la Santa Iglesia se vea inundada de nuevos santos.
Roguemos al Señor.

- Por los gobernantes, legisladores y jueces: para que actúen orientados por tus leyes.
Roguemos al Señor.

- Por los ancianos y todos los que viven en soledad: para que encuentren en Ti su compañía.
Roguemos al Señor.

- Para que el ejemplo de los santos sea estímulo para perseverar en la vida cristiana.
Roguemos al Señor.

Dios todopoderoso, concédenos cuanto te hemos pedido para que alcancemos la corona de gloria que no se marchita.
Por Jesucristo Nuestro Señor.

Santos II

Oremos a Dios Padre, por intercesión de sus santos.

- Para que la Iglesia se vea engrandecida por la gloria de los santos.
 Roguemos al Señor.

- Por todos los hombres: para que se vean impulsados a una vida de santidad.
 Roguemos al Señor.

- Por los padres de familia: para que sean ejemplo de virtudes para sus hijos.
 Roguemos al Señor.

- Para que podamos compartir con tus santos la gloria del cielo.
 Roguemos al Señor.

Dios Padre todopoderoso, que tus santos nos acompañen y alienten en nuestro diario vivir.
 Por Jesucristo Nuestro Señor.

Santos III

Oremos a Dios, que tanto nos amó que entregó a su Hijo al mundo para que el mundo se salve por Él.

- Para que la Iglesia, santa en su fundador y santa en su doctrina, sea santa en sus miembros.
 Roguemos al Señor.

- Para que todos los constituidos en autoridad guíen santamente a los demás.
 Roguemos al Señor.

- Por los más humildes y sencillos de este mundo: para que sus obras brillen en el cielo y sean aliento para todos nosotros.
 Roguemos al Señor.

- Para que tengamos la valentía de entregar todo lo que nos impide recorrer el camino hacia el cielo.
 Roguemos al Señor.

Dios todopoderoso, que por intercesión de tus santos nos concedas cuanto te hemos pedido.
 Por Jesucristo Nuestro Señor.

Santos IV

Oremos a Dios, que nos ha creado para ser santos.

- Por la Iglesia de Dios: para que sea santa en sus miembros y resplandeciente por su caridad.
 Roguemos al Señor.

- Por todos los pueblos del mundo: para que se abran al evangelio y se enriquezcan con su luz.
 Roguemos al Señor.

- Por los perseguidos a causa de la fe: para que conserven la alegría en la perseverancia de su lucha.
 Roguemos al Señor.

- Para que nosotros, siervos tuyos, alcancemos por tu bondad la compañía de los santos en el cielo.
 Roguemos al Señor.

Dios misericordioso, acepta nuestras peticiones y bendícenos con tus bienes temporales y eternos.
 Por Jesucristo Nuestro Señor.

Religiosos I

Oremos a Dios, por intercesión de sus santos que vivieron en plenitud la virtud de la caridad.

- Para que Dios mande obreros a su mies y ministros a su Iglesia.
 Roguemos al Señor.

- Para que el testimonio de los cristianos sea ejemplo para la conversión de los que no creen.
 Roguemos al Señor.

- Por los que sufren, cansados y agobiados: para que se acerquen a Ti para encontrar alivio en sus penas.
 Roguemos al Señor.

- Para que gustemos ya en la tierra los dones reservados para el cielo.
 Roguemos al Señor.

Dios todopoderoso, asístenos con tu misericordia y danos tu Salvación.
 Por Jesucristo Nuestro Señor.

Religiosos II

Oremos a Dios con la humildad de sabernos pecadores.

- Para que conserves a tu Iglesia peregrina en la tierra.
Roguemos al Señor.

- Por todos los consagrados al servicio de los demás: para que encuentren en su entrega una ofrenda agradable a Ti.
Roguemos al Señor.

- Por los que cuidan de los enfermos: para que les des fuerza y paciencia.
Roguemos al Señor.

- Por todos los que participamos en este Santo Sacrificio: para que lo sigamos viviendo en medio del mundo.
Roguemos al Señor.

Concédenos, Señor, la protección de tus santos, y siguiendo sus ejemplos podamos llegar, como ellos, al reino de tu amor.
Por Jesucristo Nuestro Señor.

Evangelistas I

Recordando a los evangelistas, que inspirados por el Espíritu Santo, nos dieron la buena noticia sobre tu Hijo, oremos a Dios Padre.

- Por la Iglesia: para que sea fiel al mensaje del evangelio.
 Roguemos al Señor.

- Para que el mensaje del evangelio llegue a todo el mundo.
 Roguemos al Señor.

- Por los misioneros: para que no les falte la ayuda del Espíritu Santo en su labor.
 Roguemos al Señor.

- Por nosotros: para que demos testimonio de Jesús con nuestra vida.
 Roguemos al Señor.

Dios todopoderoso, te pedimos que escuches nuestras súplicas, Tú que por los evangelistas nos enseñaste a orar sin desfallecer.
 Por Jesucristo Nuestro Señor.

Evangelistas II

Oremos a Dios Padre, por intercesión de su Hijo que nos pidió ir por todo el mundo a predicar el evangelio.

- Por la Iglesia: para que pueda predicar el evangelio por todas las naciones.
 Roguemos al Señor.

- Por los que abandonaron nuestra fe: para que el mensaje del evangelio vuelva a sus corazones.
 Roguemos al Señor.

- Por todos los que enseñan la doctrina cristiana: para que puedan anunciar el evangelio con una vida santa y profundos conocimientos.
 Roguemos al Señor.

- Por nosotros: para que vivamos como verdaderos testigos de Cristo.
 Roguemos al Señor.

Oh Dios, Tú que por los evangelistas nos enseñaste "pedid y se os dará", concédenos lo que te hemos pedido.
 Por Jesucristo Nuestro Señor.

PRECES PROPIAS

DEL TIEMPO

Domingo de Adviento I

Mientras esperamos la venida del Salvador oremos al Padre.

- Por la Iglesia: para que cuando venga Nuestro Señor la encuentre velando en oración.
 Roguemos al Señor.

- Por los jefes de las naciones: para que actúen siempre en el plano temporal orientados hacia la vida eterna.
 Roguemos al Señor.

- Por los que no están preparados para tu venida: para que les concedas tu gracia, el arrepentimiento, el deseo de confesión y tu perdón.
 Roguemos al Señor.

- Para que pronto venga a nosotros tu Reino.
 Roguemos al Señor.

Te pedimos, Padre, aceptes nuestras súplicas y nos concedas la virtud de la esperanza hasta que llegue nuestra liberación.
 Por Jesucristo Nuestro Señor.

Domingo de Adviento II

Confiados en tu paciencia con nosotros, Padre, suplicamos tu clemencia.

- Por la Iglesia: para que siempre anime a todos sus hijos a la conversión hacia Dios.
Roguemos al Señor.

- Para que en las naciones florezca la justicia.
Roguemos al Señor.

- Por todos los que por sus pecados necesitan de confesión para preparar el camino del Señor: para que les concedas prepararse para tu venida.
Roguemos al Señor.

- Por nosotros: para que el Espíritu Santo nos guíe por caminos de conversión para allanar los caminos de Señor.
Roguemos al Señor.

Esperando la llegada de Nuestro Señor, concédenos cuanto te hemos pedido.
Por Jesucristo Nuestro Señor.

Domingo de Adviento III

Presentemos nuestras peticiones a Dios Padre suplicándole en toda ocasión, con acciones de gracias.

- Por la Iglesia: para que anuncie el mensaje del evangelio por todo el mundo.
 Roguemos al Señor.

- Por los que sufren y tienen su corazón desgarrado: para que vendes sus heridas del cuerpo y del alma.
 Roguemos al Señor.

- Por los enfermos. Tú que hiciste andar a los inválidos y ver a los ciegos, danos la salud corporal y espiritual.
 Roguemos al Señor.

- Para que nos concedas siempre la alegría en medio de los sufrimientos.
 Roguemos al Señor.

Te suplicamos nos concedas estos dones, y la paz y la alegría en nuestros corazones por tu Espíritu Santo.
 Que contigo vive y reina por los siglos de los siglos.

Domingo de Adviento IV

Confiados en que pronto vendrás a visitarnos, oremos al Padre, que nos envió a su Hijo.

- Por la Iglesia: para que custodiada por tu Espíritu y en compañía de los ángeles y santos, lleve el mensaje del Salvador a todos los pueblos.
 Roguemos al Señor.

- Para que visites con tu presencia nuestros hogares y los llenes de alegría.
 Roguemos al Señor.

- Para que escuchemos siempre tu Palabra con unción y obediencia.
 Roguemos al Señor.

- Para que dejemos que nuestro ángel de la guarda nos guíe y nuestra madre la Virgen María nos cuide.
 Roguemos al Señor.

Acepta nuestras súplicas y guíanos para cumplir tu voluntad.
 Por Jesucristo Nuestro Señor.

Adviento I

Consolados con el anuncio de la venida del Señor, oremos confiadamente.

- Por la Santa Iglesia de Dios; para que despierte el corazón de los fieles y los prepare para la venida gloriosa de Cristo.
Roguemos al Señor.

- Para que por la venida de Jesucristo, la humanidad busque la justicia en todos los ámbitos.
Roguemos al Señor.

- Para que los que son probados y sufren, sientan en este tiempo de Adviento que Dios viene en su ayuda.
Roguemos al Señor.

- Por todos nosotros, reunidos en torno al altar: para que mantengamos una actitud de espera vigilante ante la venida de Cristo Jesús.
Roguemos al Señor.

Acoge, Padre misericordioso, las súplicas de tu pueblo, que espera anhelante la venida de tu Hijo Jesucristo.
Que contigo vive y reina por los siglos de los siglos.

Adviento II

Oremos, hermanos, a nuestro Salvador, que está cerca, y pidámosle que escuche nuestras oraciones.

- Para que visite y custodie siempre su Iglesia.
 Roguemos al Señor.

- Por los gobernantes: para que defiendan la vida de los no nacidos.
 Roguemos al Señor.

- Para que los que tienen dificultades en creer encuentren en la fe de los cristianos un camino que les prepare a la venida de Cristo Jesús.
 Roguemos al Señor.

- Por todos nosotros: para que recordemos que tenemos necesidad de una conversión continua.
 Roguemos al Señor.

Oh Dios todopoderoso y eterno, que nos mandas preparar el camino a Cristo el Señor; escucha nuestras oraciones y haz que recibamos dignamente a tu Hijo.
 Que contigo vive y reina por los siglos de los siglos.

Adviento III

Mientras esperamos la venida del Salvador, oremos al Padre, por nosotros y por todos los hombres.

- Por la Iglesia universal: para que, viviendo la palabra de Dios y los sacramentos, se prepare a recibir dignamente la salvación.
Roguemos al Señor.

- Por todos los que no creen: para que la venida de Cristo los lleve a la fe.
Roguemos al Señor.

- Por todos los que sufren: para que en la venida de Cristo Jesús hallen el consuelo y la fortaleza que necesitan.
Roguemos al Señor.

- Para que cuantos recordamos su primera venida, merezcamos llegar a su gloriosa aparición al fin de los tiempos.
Roguemos al Señor.

Te pedimos, Dios todopoderoso y eterno, que escuches nuestras oraciones, para que cuantos confían en la venida de tu Hijo, se vean libres de todo mal.
Por Jesucristo Nuestro Señor.

Adviento IV

Esperando la llegada del Mesías, oremos al Padre.

- Por la Iglesia: para que siempre esté en espera vigilante.
 Roguemos al Señor.

- Por los que han perdido la fe: para que la venida del Salvador les anime a volverse hacia Dios.
 Roguemos al Señor.

- Por los que han perdido la esperanza: para que la recuperen al recibir el mensaje de la buena nueva.
 Roguemos al Señor.

- Para que todos nosotros aumentemos la virtud de la caridad.
 Roguemos al Señor.

Te pedimos nos concedas estos dones.
 Por Jesucristo Nuestro Señor.

Adviento V

Confiados en la promesa de la llegada del Redentor, oremos al Padre.

- Por la Iglesia: para que esté preparada para la segunda venida de tu Hijo Jesucristo con espíritu de penitencia.
Roguemos al Señor.

- Por todos los que se sienten atrapados por sus vicios: para que les concedas esperanza en la perseverancia
Roguemos al Señor.

- Por los que por la dureza de la vida han perdido la ilusión: para que renueves sus corazones.
Roguemos al Señor.

- Para que preparemos los caminos del Señor con un profundo dolor de nuestros pecados.
Roguemos al Señor.

Te pedimos, Padre misericordioso, estar siempre expectantes por tu venida.
Por Jesucristo Nuestro Señor.

Adviento VI

Preparándonos para la venida de Nuestro Señor, oremos al Padre.

- Por la Iglesia peregrinante: para que cuando venga el Hijo del hombre la encuentre llena de fe.
Roguemos al Señor.

- Por las almas del purgatorio: para que satisfagan pronto sus deseos de entrar en el cielo.
Roguemos al Señor.

- Por los que sufren enfermedades: para que encuentre pronto la salud del cuerpo y del alma.
Roguemos al Señor.

- Para que siempre recordemos el sacramento de la penitencia como camino hacia Ti.
Roguemos al Señor.

Esperamos, Dios Padre, recibir tu ayuda mientras nos preparamos para la venida del Salvador.
Que contigo vive y reina por los siglos de los siglos.

Adviento VII

Oremos al Padre, que ha querido enviar a su Hijo al mundo para nuestra salvación.

- Por la Iglesia: para que sepa hacer partícipes a todos de su esperanza.
　　Roguemos al Señor.

- Por lo que no han conocido a Cristo: para que nuestro ejemplo los disponga a recibirlo en sus vidas.
　　Roguemos al Señor.

- Por cuantos arrepentidos de sus pecados necesitan valentía para confesarse.
　　Roguemos al Señor.

- Para que tengamos siempre una gran virtud de la paciencia.
　　Roguemos al Señor.

Acepta, Dios Nuestro, nuestras peticiones y ven pronto a socorrernos.
　　Por Jesucristo Nuestro Señor.

Adviento VIII

Oremos al Padre, que tanto nos ama que ha querido enviar a su Hijo al mundo para salvarnos.

- Por todos los miembros de la Iglesia: para que siempre anhelemos que venga a nosotros tu Reino.
 Roguemos al Señor.

- Por los que andan confundidos en su fe: para que se acerquen a la única religión verdadera.
 Roguemos al Señor.

- Por cuantos están arrepentidos de sus pecados: para que hagan una buena y sincera confesión.
 Roguemos al Señor.

- Para que cuando venga Cristo nos encuentre a todos preparados para el banquete celestial.
 Roguemos al Señor.

Te pedimos, Padre, que no dejes de ayudarnos mientras esperamos la venida de tu Hijo.
 Que contigo vive y reina por los siglos de los siglos.

Adviento IX

Preparándonos para recibir a Dios hecho hombre, oremos al Padre.

- Por la Iglesia: para que esperando al Salvador no le falte la ayuda de tu Espíritu Santo.
 Roguemos al Señor.

- Por los que dominados por el orgullo no se preparan para la venida del Salvador: para que se haga tu luz sobre ellos y tu gracia los convierta.
 Roguemos al Señor.

- Por los que no encuentran solución a sus problemas: para que les ayudes y les recuerdes que para Dios no hay nada imposible.
 Roguemos al Señor.

- Para que este tiempo penitencial no nos pase desapercibido ante la cercanía de la Navidad.
 Roguemos al Señor.

Te pedimos, Padre, nos concedas tus dones y gracias para que cuando tu Hijo venga nos encuentre preparados.
 Por Jesucristo Nuestro Señor.

Adviento X

Anhelando la venida del Señor, oremos al Padre.

- Por la Iglesia: para que por ella nos concedas gracia sobre gracia.
 Roguemos al Señor.

- Por los que rezan sin desfallecer: para que les concedas sus peticiones.
 Roguemos al Señor.

- Para que ilumines a los que yacen en tinieblas y guíes sus pasos.
 Roguemos al Señor.

- Para que cuando Cristo venga y nos juzgue del amor, seamos hallados dignos de tu compañía por toda la eternidad.
 Roguemos al Señor.

Te pedimos, Juez misericordioso, nos concedas tu ayuda para que nos juzgues dignos del Reino eterno.
 Por Jesucristo Nuestro Señor.

Domingo de Navidad II

Esperando recibir toda clase de bendiciones espirituales y celestiales, oremos al Padre.

- Por la Iglesia: para que su labor redunde en alabanza hacia Ti.
 Roguemos al Señor.

- Para que todos los niños por nacer tengan la oportunidad de recibir el bautismo y sean santos e irreprochables ante Ti por el amor.
 Roguemos al Señor.

- Por todos los que no te conocen: para que ilumines sus corazones y puedan contemplar tu gloria.
 Roguemos al Señor.

- Por nosotros: para que el Padre de la gloria nos dé espíritu de sabiduría y revelación para conocerlo.
 Roguemos al Señor.

Acepta, Padre, estas preces, con la intercesión de tu Palabra hecha carne.
 Que contigo vive y reina por los siglos de los siglos.

Navidad I

Llenos de gozo, oremos al Padre, que ha enviado su salvación a todos los hombres por medio de su Hijo.

- Por la Iglesia: para que se renueve en santidad.
 Roguemos al Señor.

- Para que todos los hombres contemplen la salvación que Cristo nos ha traído.
 Roguemos al Señor.

- Por los que sufren: para que alcancen el consuelo que Cristo vino a traernos.
 Roguemos al Señor.

- Por nosotros: para que acojamos a Cristo en nuestras vidas.
 Roguemos al Señor.

Escucha, Padre del cielo, la oración de tu Iglesia que, feliz por el nacimiento humano de tu Hijo, te suplica confiadamente.
 Por Jesucristo Nuestro Señor.

Navidad II

Invoquemos, hermanos, a Dios Padre todopoderoso, que en el nacimiento de su Hijo nos ha manifestado su misericordia.

- Para que el Señor, que ha querido que su Hijo compartiera la vida de familia de José y de María, conserve a todas las familias cristianas.
Roguemos al Señor.

- Por toda la humanidad: para que llegue a tener la paz que los ángeles anunciaron en el nacimiento de Jesús.
Roguemos al Señor.

- Para que el Señor de fuerza a los que están tentados.
Roguemos al Señor.

- Para que todos nosotros podamos un día participar de la vida eterna de Cristo, que ha querido compartir nuestra vida temporal.
Roguemos al Señor.

Señor Dios, escucha nuestras oraciones y haz que los que celebramos con alegría el nacimiento de tu Hijo, nos veamos libres de todo mal.
Por Jesucristo Nuestro Señor.

Navidad III

Oremos al Padre, que nos ha enviado tan gran Salvador.

- Por la Iglesia: para que sepa transmitir paz a los hombres de buena voluntad.
Roguemos al Señor.

- Por todos los que se alejaron de la fe: para que Jesús nazca en sus corazones.
Roguemos al Señor.

- Para que Cristo que se hizo hombre por nosotros sea fuerza de los débiles.
Roguemos al Señor.

- Para que por la oración asidua siempre conservemos y meditemos en nuestro corazón las palabras de tu Hijo.
Roguemos al Señor.

Señor Dios, por intercesión de la Virgen María, madre de tu Hijo, concédenos los bienes que te hemos pedido.
Por Jesucristo Nuestro Señor.

Navidad IV

Invoquemos, al Padre, que ha querido que su Hijo se hiciera hombre por nosotros.

- Por la Iglesia: para que siempre manifieste el verdadero rostro de Cristo.
 Roguemos al Señor.

- Para que el nacimiento del Salvador despierte la conciencia del valor de la vida humana.
 Roguemos al Señor.

- Por las madres que esperan el nacimiento de su hijo: para que les conserves la salud del cuerpo y del alma.
 Roguemos al Señor.

- Para que sepamos imitar los ejemplos que nos dejó tu Hijo hecho hombre.
 Roguemos al Señor.

Señor, Dios de bondad, concede que cuantos celebramos el nacimiento de tu Hijo podamos contemplarlo con María, su Madre, en el Reino.
 Por Jesucristo Nuestro Señor.

Navidad V

Alegres por el nacimiento del Salvador, oremos al Padre para que nos haga dignos de su presencia.

- Por la Iglesia: para que nazca en todos sus miembros el amor a Dios hecho hombre.
 Roguemos al Señor.

- Para que en todas las naciones se cuide la vida desde la concepción hasta la muerte natural.
 Roguemos al Señor.

- Para que tu plan de Salvación nos alcance y no se malogre por nuestros pecados.
 Roguemos al Señor.

- Por nosotros: para que en el cumplimiento de tu voluntad nos comportemos como dignos hijos de Dios.
 Roguemos al Señor.

Te pedimos aceptes nuestras oraciones, con la intercesión de tu Hijo Jesucristo, Dios y hombre verdadero.
 Que contigo vive y reina por los siglos de los siglos.

Cuaresma: Miércoles de ceniza

Al comenzar la cuaresma, pidamos a Dios nuestro Padre, que escuche las oraciones de su pueblo penitente.

- Para que el Señor, que consagró con su ayuno los días de la santa Cuaresma, bendiga a su Iglesia por la penitencia, guardándola de todo mal.
 Roguemos al Señor.

- Por todos los seres humanos: para que la práctica de la penitencia les lleve a la conversión.
 Roguemos al Señor.

- Para que el rito de la ceniza nos recuerde a todos que formamos parte de la Iglesia, santa pero siempre necesitada de penitencia.
 Roguemos al Señor.

- Por todos nosotros: para que caminemos hacia Cristo siguiendo su ejemplo de oración y penitencia.
 Roguemos al Señor.

Dios todopoderoso y eterno: escucha las oraciones de tu pueblo, para que observando las penitencias cuaresmales, participemos un día en su resurrección gloriosa.
 Por Jesucristo Nuestro Señor.

Domingo de Cuaresma I

Oremos a Dios Padre, por intercesión de su Hijo que sufrió las tentaciones en el desierto.

- Para que la Iglesia no se deje arrastrar por el mundo.
 Roguemos al Señor.

- Por los que están dominados por los vicios: para que puedan vencerlos y llevar una vida virtuosa.
 Roguemos al Señor.

- Por los que viven en pecado: para que tu gracia los lleve al arrepentimiento y a la confesión.
 Roguemos al Señor.

- Para que nos des fuerzas ante las tentaciones.
 Roguemos al Señor.

Padre Nuestro, concédenos estas peticiones y danos tu gracia para vivir una vida santa.
 Por Jesucristo Nuestro Señor.

Domingo de Cuaresma II

Dirijamos nuestras oraciones al Padre que dispuso darnos su gracia por medio de Jesucristo.

- Por la Iglesia: para que sus miembros en la gloria se cuenten en multitud como las estrellas del cielo.
Roguemos al Señor.

- Por todos los pastores de la Iglesia: para que sepan mostrar la belleza de Dios a todos los pueblos.
Roguemos al Señor.

- Para que tu grandeza y tu gloria nos ayude a sobrellevar los sufrimientos de cada día.
Roguemos al Señor.

- Para que algún día podamos contemplar tu rostro glorioso.
Roguemos al Señor.

Acepta nuestras peticiones con la intercesión de tu Hijo amado, tu predilecto.
Que contigo vive y reina por los siglos de los siglos.

Domingo de Cuaresma III

Oremos al Padre con toda devoción en este templo, en presencia de Jesucristo en la Eucaristía.

- Por la Iglesia: para que no deje de saciar a su pueblo con la gracia de sus sacramentos.
Roguemos al Señor.

- Por la conversión de los alejados de la Iglesia: para que se conviertan y den frutos de vida eterna.
Roguemos al Señor.

- Por los difuntos: para que lleguen a tu presencia bien dispuestos por tu gracia.
Roguemos al Señor.

- Por nosotros: para que siempre acudamos al templo con profunda devoción y deseos de contar con tu presencia.
Roguemos al Señor.

Acepta nuestras súplicas y sácianos con tu gracia hasta la vida eterna.
Por Jesucristo Nuestro Señor.

Domingo de Cuaresma IV

Oremos al Padre, que envió a su Hijo al mundo y quiere que el mundo se salve por Él.

- Por la Iglesia: para que sea luz del mundo y sus hijos no caminen en tinieblas.
Roguemos al Señor.

- Por los que viven alejados de Dios: para que pongas en su corazón el arrepentimiento y vuelvan hacia Ti.
Roguemos al Señor.

- Para que con tu ayuda se manifieste en nosotros las obras de Dios a todas las gentes.
Roguemos al Señor.

- Para que no anide en nosotros la envidia, el rencor o el resentimiento.
Roguemos al Señor.

Escucha nuestras súplicas, guíanos en los momentos de oscuridad y concédenos ver algún día tu rostro en el cielo.
Por Jesucristo Nuestro Señor.

Domingo de Cuaresma V

Pidamos al Padre, por la intercesión de su Hijo, sabedores de que todo lo que le pida al Padre se lo concederá.

- Por la Iglesia: para que lleve el consuelo y la paz a los que sufren.
 Roguemos al Señor.

- Por los enfermos: para que sus sufrimientos no sean causa de desesperanza sino que sirvan para dar muchos frutos.
 Roguemos al Señor.

- Por todos los difuntos: para que obtengan la gloria del cielo.
 Roguemos al Señor.

- Para que seamos humildes y limpios de corazón.
 Roguemos al Señor.

Esperando conmoverte con nuestras peticiones te solicitamos las aceptes.
 Por Jesucristo Nuestro Señor.

Domingo de Ramos

Oremos al Altísimo, que viene en nombre del Señor.

- Por la Iglesia: para que te alabe siempre con júbilo, esperando la venida de tu Reino, y transmita a sus hijos su alegría.
Roguemos al Señor.

- Por los gobernantes: para que sirvan humildemente a su pueblo.
Roguemos al Señor.

- Para que tu pasión y muerte nos manifiesten tu amor por nosotros y sean motivo de conversión.
Roguemos al Señor.

- Por nosotros: para que obedezcamos humildemente tu voluntad.
Roguemos al Señor.

Alegrándonos por tu presencia entre nosotros rogamos aceptes nuestras súplicas.
Por Jesucristo Nuestro Señor.

Cuaresma I

Oremos al Señor nuestro Dios, que dispuso darnos su gracia por medio de Jesucristo.

- Por la Santa Iglesia de Dios: para que sea fortalecida y purificada en las prácticas cuaresmales.
Roguemos al Señor.

- Por la humanidad hambrienta de Dios: para que nuestros ayunos y sacrificios los sacie de Ti.
Roguemos al Señor.

- Por los que padecen cualquier necesidad: para que encuentren el auxilio del Señor.
Roguemos al Señor.

- Por todos nosotros: para que Dios nos libre de todo mal.
Roguemos al Señor.

Que la luz de tu verdad, Padre, nos haga avanzar por el camino de la conversión y que tu gracia inspire, sostenga y acompañe nuestras obras.
Por Jesucristo Nuestro Señor.

Cuaresma II

Con fe viva presentamos al Señor nuestra oración.

- Para que la Santa Iglesia, con sus palabras y obras, proclame el misterio de la cruz.
 Roguemos al Señor.

- Por los que rigen los destinos de los pueblos: para que actúen siempre movidos por la caridad.
 Roguemos al Señor.

- Para que Dios Padre todopoderoso cure los dolores de los enfermos, dé paz y alegría a los que sufren y libre al mundo de todos los males.
 Roguemos al Señor.

- Para que perseveremos constantemente en el camino de conversión.
 Roguemos al Señor.

Protégenos, Salvador nuestro, y danos tu gracia, para que, caminando según tus pasos, lleguemos a ser con plenitud hijos de Dios.
 Tú que vives y reinas por los siglos de los siglos.

Cuaresma III

Oremos con fe a Dios nuestro Padre, para que su gloria llegue a todos los hombres.

- Por la Iglesia: para que predique la cruz de Cristo con valentía.
 Roguemos al Señor.

- Por todos los hombres: para que los encuentres en tu venida velando en oración.
 Roguemos al Señor.

- Por los enfermos y todos los que sufren: para que el Señor Jesús los ilumine y los consuele, y les conceda serenidad y confianza.
 Roguemos al Señor.

- Por nosotros: para que aumente nuestro deseo de participar en el misterio de la muerte y resurrección de Cristo.
 Roguemos al Señor.

Te suplicamos, Dios de bondad, que escuches nuestras oraciones para que gocemos siempre de la plenitud de la Redención.
 Por Jesucristo Nuestro Señor.

Cuaresma IV

Imploremos, hermanos, a quien tiene todo poder en el cielo y en la tierra, y pidámosle que escuche benignamente las súplicas de su pueblo penitente.

- Para que perdone y tenga piedad de la Iglesia el que en la cruz excusó a los ignorantes.
Roguemos al Señor.

- Para que perdone a los que abusan de su poder el que en la cruz sufrió injustamente.
Roguemos al Señor.

- Para que se apiade de todo el género humano el que murió en la cruz por todos los hombres.
Roguemos al Señor.

- Para que se apiade de los atribulados el que en la cruz conoció las amarguras de sentirse abandonado.
Roguemos al Señor.

Protégenos, Señor, Salvador nuestro, y concédenos misericordiosamente los auxilios temporales y eternos.
Por Jesucristo Nuestro Señor.

Cuaresma V

Reunidos para celebrar los misterios de nuestra redención, oremos, hermanos, a Dios todopoderoso para que nos conceda cuanto pedimos con fe.

- Para que Dios Nuestro Señor purifique a su Iglesia en la sangre de Cristo.
 Roguemos al Señor.

- Para que la cruz de Nuestro Señor sea la guía para ayudar a todos los que padecen.
 Roguemos al Señor.

- Para que Dios otorgue su ayuda a cuantos por su enfermedad, tentaciones o sufrimientos, participan en la pasión de Cristo.
 Roguemos al Señor.

- Para que todos nosotros, por la pasión y cruz de Jesucristo, lleguemos a la gloria de la resurrección.
 Roguemos al Señor.

Sé propicio, Señor, con tu pueblo suplicante, para que reciba con prontitud lo que te pide bajo tu inspiración.
 Por Jesucristo Nuestro Señor.

Cuaresma VI

Oremos, hermanos, y supliquemos la clemencia de Dios todopoderoso.

- Para que el Redentor del mundo, que se entregó a la muerte por su grey, libre a la Iglesia de todo mal.
Roguemos al Señor.

- Para que el Redentor del mundo, que entregó su vida por nosotros, sea consuelo de los que agonizan.
Roguemos al Señor.

- Para que el Redentor del mundo, que oró con lágrimas, interceda ante el Padre por todos los hombres.
Roguemos al Señor.

- Para que el Redentor del mundo, que se entregó a la muerte por nosotros, nos reanime con la fuerza de su resurrección.
Roguemos al Señor.

Lleguen a tu presencia, Padre, las súplicas de los que te invocan, para que vivamos siempre de aquel mismo amor que movió a tu Hijo a entregarse a la muerte por la salvación del mundo.
Por Jesucristo Nuestro Señor.

Cuaresma VII

Oremos a Dios Padre, por intercesión de su Hijo que se entregó en el desierto a la oración.

- Para que toda la Iglesia ore sin cesar.
 Roguemos al Señor.

- Por los que viven en soledad: para que perciban la compañía de Jesucristo.
 Roguemos al Señor.

- Por los que rezan ante el Santísimo Sacramento o ante el sagrario: para que la presencia Real de Jesucristo les aumente la caridad.
 Roguemos al Señor.

- Por todos los que estamos reunidos en el Santo Sacrificio de la Misa: para que Dios nos conceda abundantes gracias por la sangre de su Hijo.
 Roguemos al Señor.

Que nuestras oraciones lleguen a tu presencia.
 Por Jesucristo Nuestro Señor.

Cuaresma VIII

Oremos a Dios Padre, por intercesión de su Hijo, que se entregó en el desierto a la penitencia.

- Para que todos los miembros de la Iglesia hagan penitencia por sus pecados.
 Roguemos al Señor.

- Por los moribundos: para que sus sufrimientos les concedan la entrada inmediata en el cielo.
 Roguemos al Señor.

- Por los que padecen cualquier necesidad en el cuerpo o en el alma: para que Dios acuda en su ayuda.
 Roguemos al Señor.

- Por nosotros: para que nos acerquemos al sacramento de la penitencia con profundo dolor de los pecados.
 Roguemos al Señor.

Dios Padre, atiende nuestras súplicas y muéstranos tu infinita misericordia.
 Por Jesucristo Nuestro Señor.

Cuaresma IX

Oremos al Padre en este tiempo de oración y penitencia.

- Por la Iglesia: para que ore sin cesar por todos los hombres.
Roguemos al Señor.

- Por los que sufren en el alma o en el cuerpo: para que la pasión de Nuestro Señor los llene de esperanza.
Roguemos al Señor.

- Por todos los que se esfuerzan en educar a sus hijos en la fe: para que su esfuerzo sea recompensado con abundancia.
Roguemos al Señor.

- Por nosotros: para que ofrezcamos a Dios los trabajos diarios con el mejor esfuerzo y dedicación.
Roguemos al Señor.

Te pedimos que aceptes nuestras oraciones y nos concedas por la Cruz de tu Hijo abundantes gracias.
Por Jesucristo Nuestro Señor.

Jueves Santo

Oremos a Dios Padre, que en Jesucristo su Hijo nos ha amado hasta el extremo

-Por todos los obispos y sacerdotes: para que vivan su sacerdocio con entrega al pueblo de Dios.
  Roguemos al Señor.

-Por todo el pueblo cristiano: para que sepa reconocer en la Eucaristía tu realeza y tu amor.
  Roguemos al Señor.

-Por la unión de todos los cristianos en la fe verdadera, en torno a la eucaristía en la Cena del Señor.
  Roguemos al Señor.

-Por nosotros: para que vivamos el mandamiento nuevo de amar a los demás.
  Roguemos al Señor.

Padre, haznos dignos de ser parte del banquete eterno.
  Por Jesucristo Nuestro Señor.

Domingo de Pascua II

Oremos al Padre, por intercesión de Jesucristo, Señor nuestro y Dios nuestro.

- Por la Iglesia: para que pueda ofrecer el sacramento de la penitencia a todos sus miembros.
 Roguemos al Señor.

- Por todos los que difunden el evangelio: para que llenen de paz a todas las gentes.
 Roguemos al Señor.

- Por los incrédulos: para que reciban el Espíritu Santo y crean que Tú eres su único Dios.
 Roguemos al Señor.

- Por nosotros: para que nos fortalezcas en la fe en Jesucristo y tengamos vida en su Nombre.
 Roguemos al Señor.

Padre, acepta nuestras súplicas y concédenos por tu Resurrección la gloria del cielo.
 Por Jesucristo Nuestro Señor.

Domingo de Pascua III

Oremos al Padre por intercesión de su Hijo Jesucristo, presente entre nosotros hasta el fin de los tiempos.

- Por la Iglesia: para que pueda ofrecer en todos los lugares a Jesucristo en la Eucaristía.
 Roguemos al Señor.

- Para que estemos siempre unidos a Jesucristo por medio del banquete eucarístico.
 Roguemos al Señor.

- Para que vivamos la presencia del Señor todos los días de nuestra vida a través de la oración.
 Roguemos al Señor.

- Para que percibamos tu presencia entre nosotros a través de tu divina providencia.
 Roguemos al Señor.

Concede a tus hijos estos dones y llénanos de alegría y de ardor en nuestro corazón, con tu presencia entre nosotros.
 Por Jesucristo Nuestro Señor.

Domingo de Pascua IV

Oremos al padre, Pastor eterno, para que nos cuide y alimente espiritualmente con su gracia.

- Por los pastores de la Iglesia: para que guíen a su rebaño hacia los buenos pastos de los sacramentos y la doctrina.
 Roguemos al Señor.

- Por los padres de familia: para que guíen a sus hijos al conocimiento de Jesucristo.
 Roguemos al Señor.

- Por los que van por la vida desorientados: para que encuentren en Jesucristo al pastor que les guíe por el buen camino.
 Roguemos al Señor.

- Por nosotros aquí reunidos, por todos los que no han podido venir, por todos los miembros de nuestra parroquia.
 Roguemos al Señor.

Te pedimos Padre que cuides de nosotros y que aceptes nuestras súplicas.
 Por Jesucristo Nuestro Señor.

Domingo de Pascua V

Oremos al Padre por mediación de su Hijo que intercede por nosotros.

- Por la Iglesia: para que sea acogida por sus miembros como el camino que nos lleva a Jesucristo.
Roguemos al Señor.

- Para que todos tus discípulos cumplamos la misión que nos has encomendado.
Roguemos al Señor.

- Para que siempre defendamos la verdad y la vida, y así glorifiquemos a Dios.
Roguemos al Señor.

- Por nosotros: para que siempre unidos a Jesucristo demos fruto abundante y demos así gloria al Padre.
Roguemos al Señor.

Que tu misericordia, Señor, venga sobre nosotros y nos concedas estos dones, como lo esperamos de ti.
Por Jesucristo Nuestro Señor.

Domingo de Pascua VI

Sabedores de que todo lo que pidamos al Padre en nombre de Jesucristo, nos lo concederá, oremos.

- Por la Iglesia: para que llegue la fe a todas las naciones y te aclame la tierra entera.
 Roguemos al Señor.

- Para que las leyes de las naciones sean coherentes con los mandamientos de Dios.
 Roguemos al Señor.

- Por todos los que enseñan la doctrina cristiana: para que puedan dar siempre razón de nuestra esperanza y ejemplo con sus vidas.
 Roguemos al Señor.

- Por nosotros: para que guardemos fielmente los mandamientos de la Ley de Dios, y así permanezcamos en su amor.
 Roguemos al Señor.

Esperando nos conserves en el Espíritu Santo, pidamos al Padre nos reafirme en la fe, y nos conceda estos dones que te hemos pedido.
 Por Jesucristo Nuestro Señor.

Domingo de Pascua VII

Así como Jesús oraba al Padre, así, nosotros también, elevemos nuestras súplicas.

- Para que conserves a la Iglesia en la unidad: con una sola fe, un solo Señor y un solo bautismo.
  Roguemos al Señor.

- Por los que no tienen fe: para que conozcan al único Dios verdadero y a su enviado Jesucristo.
  Roguemos al Señor.

- Para que nos guardes a todos nosotros del mal en medio del mundo.
  Roguemos al Señor.

- Por nosotros y por todos los que van a creer por nuestra palabra: para que conservemos y transmitamos íntegro el mensaje del evangelio.
  Roguemos al Señor.

Te pedimos Padre que aceptes nuestras oraciones, con la intercesión de tu Hijo Jesucristo que oró por nosotros.
  Que contigo vive y reina por los siglos de los siglos.

Tiempo pascual I

Oremos, hermanos, al Padre, que ha manifestado su amor al mundo dándonos a su propio Hijo.

- Para que la Iglesia anuncie con gozo el mensaje de salvación.
Roguemos al Señor.

- Por toda la humanidad: para que resucite para la vida eterna en el cielo.
Roguemos al Señor.

- Para que todos los que sufren vean fortalecida su esperanza en la victoria de Cristo resucitado.
Roguemos al Señor.

- Por todos nosotros: para que nuestra vida sea coherente con nuestra fe y nuestra esperanza.
Roguemos al Señor.

Oh Señor Jesucristo, que nos alegras con la solemnidad de tu resurrección, escucha las oraciones de tu pueblo y concede a cuantos te imploran alcanzar lo que santamente desean.
Tú que vives y reinas por los siglos de los siglos.

Tiempo pascual II

Confiando en la presencia entre nosotros de Jesucristo resucitado, elevemos al Padre nuestra oración.

- Para que la Iglesia anuncie sin cesar a todos los pueblos el alegre mensaje de la esperanza futura.
Roguemos al Señor.

- Por los gobernantes: para que rija en ellos siempre la justicia y el bien común.
Roguemos al Señor.

- Por aquellos que en medio de sus pruebas se sienten abatidos: para que descubran la fuerza de Cristo viviente y vean iluminado su camino.
Roguemos al Señor.

- Para que el Salvador del mundo nos libre de todo mal, pues nos redimió por su pasión y resurrección.
Roguemos al Señor.

Padre, escucha nuestra oración y deposita tu alegría en nuestros corazones.
Por Jesucristo Nuestro Señor.

Tiempo pascual III

Oremos, hermanos, al Padre, que con su bondad nos ha salvado de la muerte, por la resurrección de su Hijo Jesucristo.

- Para que el Salvador del mundo libre de todo mal a la Iglesia, redimida con su cruz y su resurrección.
 Roguemos al Señor.

- Por todas las naciones que sufren las guerras: para que resucite en ellos la esperanza.
 Roguemos al Señor.

- Para que los enfermos, los impedidos y todos cuantos sufren sientan la ayuda y el consuelo del Espíritu de Jesús.
 Roguemos al Señor.

- Para que todos los aquí reunidos demos, con mucha fe, testimonio de la resurrección de Cristo.
 Roguemos al Señor.

Padre de misericordia, que tanto amaste al mundo que le diste a tu Hijo; renuévanos por su misterio de muerte y resurrección y concédenos lo que te hemos pedido llenos de confianza.
 Por Jesucristo Nuestro Señor.

Tiempo pascual IV

Apoyados en Cristo resucitado, fundamento de nuestra fe para dirigirnos al Padre, presentemos nuestra oración.

- Para que toda la Iglesia sea portadora, con sus obras y su doctrina, de la verdad de Cristo resucitado.
Roguemos al Señor.

- Por las naciones donde ha decrecido la fe: para que resucite con la fuerza del Espíritu.
Roguemos al Señor.

- Por los que sufren y por todos los que se sienten afligidos: para que su tristeza se convierta en un gozo que nadie les pueda arrebatar.
Roguemos al Señor.

- Por cuantos participamos con gozo en esta celebración: para que, alimentados por Cristo, seamos verdaderos testigos de su vida.
Roguemos al Señor.

Tú, Señor, que nos has salvado por el misterio pascual de tu Hijo, continúa favoreciendo al pueblo que te suplica y acoge nuestras peticiones.
Por Jesucristo Nuestro Señor.

Tiempo pascual V

Pidamos al Señor que escuche nuestras súplicas en este tiempo glorioso de Pascua.

- Por los pastores de nuestras almas: para que puedan gobernar y cuidar el rebaño encomendado a ellos bajo la guía del buen Pastor.
 Roguemos al Señor.

- Por todos los hombres que se han apartado de Dios: para que resucite en ellos el amor a Dios.
 Roguemos al Señor.

- Para que todos los que padecen necesidad en el alma o en el cuerpo sientan el auxilio del cielo.
 Roguemos al Señor.

- Para que todos nosotros podamos celebrar un día la Resurrección de Cristo con los ángeles y los santos.
 Roguemos al Señor.

Dios todopoderoso y eterno, que por el misterio pascual has manifestado tu poder, concédenos cuanto te pedimos con fe.
 Por Jesucristo Nuestro Señor.

Tiempo pascual VI

Vencida la muerte por la Resurrección de tu Hijo Jesucristo, oremos a Dios Padre.

- Para que la Iglesia predique el mensaje del evangelio a toda la tierra.
Roguemos al Señor.

- Por los médicos y el personal sanitario: para que siempre cuiden la vida desde la concepción a la muerte natural.
Roguemos al Señor.

- Para que todas las almas de los difuntos estén en el cielo y, tras la resurrección, experimenten gozar con su cuerpo de la gloria celestial.
Roguemos al Señor.

- Para que podamos resucitar en nosotros una vida nueva de santidad.
Roguemos al Señor.

Dios todopoderoso, concede estas peticiones a tus hijos y llénanos de la vida de la gracia.
Por Jesucristo Nuestro Señor.

Tiempo pascual VII

Con la alegría de la Resurrección, pidamos al Señor que escuche nuestras súplicas.

- Por la Iglesia: para que manifieste a todos la buena nueva de su mensaje salvador.
 Roguemos al Señor.

- Por todos los que sumidos en la tristeza no conocen aún el auxilio de Dios, lo reciban con creces.
 Roguemos al Señor.

- Por los difuntos: para que gocen de la eterna gloria por la Resurrección de tu Hijo.
 Roguemos al Señor.

- Por nosotros, aquí reunidos celebrando la Resurrección de Nuestro Señor: para que la celebremos algún día todos juntos en el cielo.
 Roguemos al Señor.

Dios todopoderoso, acude en nuestra ayuda y llénanos de la alegría de tu presencia.
 Por Jesucristo Nuestro Señor.

Tiempo pascual VIII

Dirijamos al Padre nuestra plegaria, con fe en el Señor resucitado.

- Por la Iglesia: para que el gozo pascual se extienda como testimonio a todos los hombres.
 Roguemos al Señor.

- Para que el Señor, dueño del universo, nos guíe a todos a la gloria de la resurrección.
 Roguemos al Señor.

- Por los que sufren enfermedad o injusticia: para que conserven la alegría pascual.
 Roguemos al Señor.

- Por nosotros: para que Dios nos bendiga con éxito en nuestros trabajos y con prosperidad en nuestras familias.
 Roguemos al Señor.

Dios todopoderoso, concédenos estas peticiones y danos tu gracia para poder compartir contigo eternamente en el cielo.
 Por Jesucristo Nuestro Señor.

Tiempo pascual IX

Oremos al Padre con fe en Cristo resucitado.

- Por la Iglesia: para que comunique el mensaje de esperanza que viene de la pascua.
Roguemos al Señor.

- Por todas las familias: para que vivan siempre en caridad.
Roguemos al Señor.

- Por los que han perdido la fe debido a las dificultades o sufrimientos: para que resucite en sus corazones el amor hacia Ti.
Roguemos al Señor.

- Por nosotros: para que seamos lentos a la ira y fáciles para el perdón.
Roguemos al Señor.

Dios Padre, cuida a tus hijos y concédenos lo que te pedimos.
Por Jesucristo Nuestro Señor.

Preces Comunes I

Con todo el corazón, oremos hermanos a Dios nuestro Padre.

- Por el Papa, los obispos y los sacerdotes.
 Roguemos al Señor.

- Por los que tienen alguna responsabilidad sobre los demás.
 Roguemos al Señor.

- Para que manifieste a todos los hombres su bondad.
 Roguemos al Señor.

- Por nosotros, por nuestros familiares, amigos y conocidos.
 Roguemos al Señor.

Escucha, Dios de misericordia, la oración de tu pueblo: que tu bondad nos conceda lo que nuestras acciones no merecen.
 Por Jesucristo Nuestro Señor.

Preces Comunes II

Oremos, hermanos, y pidamos al Dios de misericordia que escuche nuestra oración.

- Por la Santa Iglesia extendida por toda la tierra y presente en nuestra comunidad.
  Roguemos al Señor.

-Por las naciones del mundo, por nuestra patria.
  Roguemos al Señor.

-Para que guarde de todo mal a los que están en peligro.
  Roguemos al Señor.

- Por nosotros y por nuestros bienhechores.
  Roguemos al Señor.

Escucha, Dios de bondad, las oraciones de tu Iglesia y haz que, destruidos todo error y toda malicia, pueda servirte con entera libertad.
  Por Jesucristo Nuestro Señor.

Preces Comunes III

Oremos a Dios, nuestro Padre.

- Para que se acuerde del pueblo rescatado por la sangre de su Hijo.
 Roguemos al Señor.

- Por los que ejercen autoridad en el mundo.
 Roguemos al Señor.

- Para que conceda la luz y el descanso eterno a todos los difuntos.
 Roguemos al Señor.

- Por nuestra santa asamblea, por cuantos participan de nuestra esperanza.
 Roguemos al Señor.

Oh Dios, que sabes que la vida de los hombres está llena de necesidades; escucha los deseos de tu pueblo y concédele benignamente lo que te pide con humildad.
 Por Jesucristo Nuestro Señor.

Preces Comunes IV

Oremos, hermanos, e imploremos la misericordia de Dios nuestro Padre.

- Para que llene de su gracia a los obispos y a los demás ministros.
  Roguemos al Señor.

- Por los que rigen los destinos de los pueblos: para que gobiernen con rectitud y justicia.
  Roguemos al Señor.

- Para que ilumine a los que no conocen a Cristo con la luz del Evangelio.
  Roguemos al Señor.

- Para que nos conceda a cuantos invocamos su nombre los bienes temporales y eternos.
  Roguemos al Señor.

Socorre, Dios omnipotente, al pueblo que te suplica: para que pueda alegrarse con tus beneficios temporales y eternos.
  Por Jesucristo Nuestro Señor.

Preces Comunes V

Oremos, hermanos, a Dios, nuestro Padre.

- Por la Santa Iglesia de Dios: para que se digne custodiarla y defenderla.
 Roguemos al Señor.

- Por los gobernantes: para que respeten la ley natural y actúen movidos por el bien común.
 Roguemos al Señor.

- Por los que viven angustiados por distintas necesidades: para que encuentren ayuda en Dios.
 Roguemos al Señor.

- Por nosotros mismos y por nuestra parroquia.
 Roguemos al Señor.

Atiende, Padre nuestro, los deseos de tu pueblo, que confía en tu bondad.
 Por Jesucristo Nuestro Señor.

Preces Comunes VI

Oremos, hermanos, y pidamos al Padre que inspire Él mismo nuestra oración.

- Por el Papa, por nuestro obispo, por el clero y por todo el pueblo fiel.
 Roguemos al Señor.

- Por nuestra patria, por todos los pueblos de la tierra.
 Roguemos al Señor.

-Por todos los que sufren: para que se vean confortados y aliviados.
 Roguemos al Señor.

- Por todos los que nos encontramos aquí reunidos en la fe, devoción y temor de Dios.
 Roguemos al Señor.

Que te sean gratos, Padre celeste, los deseos de tu Iglesia suplicante; para que tu misericordia nos conceda lo que no podemos esperar de nuestros méritos.
 Por Jesucristo Nuestro Señor.

Preces Comunes VII

Elevemos, hermanos, fervientes oraciones a Dios, nuestro Padre.

- Para que proteja y guíe a su Iglesia Santa.
   Roguemos al Señor.

- Para que infunda en los jueces el sentido de la justicia y el bien común.
   Roguemos al Señor.

- Para que introduzca en la plenitud de su Santa Iglesia a todos los infieles.
   Roguemos al Señor.

- Para que a nosotros mismos nos conforte y conserve en su servicio.
   Roguemos al Señor.

Te pedimos, Dios de bondad, que te muestres favorable a las oraciones de los que te suplican.
   Por Jesucristo Nuestro Señor.

Preces Comunes VIII

Oremos insistentemente a Dios, nuestro Padre.

- Por la Iglesia Universal y por nuestra parroquia.
Roguemos al Señor.

- Por la concordia entre las naciones y la conversión de los pueblos a la fe.
Roguemos al Señor.

- Por los enfermos, los ancianos y todos los que padecen.
Roguemos al Señor.

- Por todos los que participamos en esta Eucaristía.
Roguemos al Señor.

Que nuestra oración, Dios de bondad, suba a tu presencia y que nuestras peticiones obtengan fruto abundante.
Por Jesucristo Nuestro Señor.

Preces Comunes IX

Por nuestra salvación y por la de todos los hombres, oremos, hermanos, a Dios nuestro Padre.

- Para que mande operarios a su mies y ministros a su Iglesia.
    Roguemos al Señor.

- Por los militares y policías: para que obrando en justicia consigan una nación en paz.
    Roguemos al Señor.

- Por la salud de los enfermos y el descanso de los difuntos.
    Roguemos al Señor.

- Para que nos haga a todos nosotros dignos de su Reino eterno.
    Roguemos al Señor.

Tiende, Señor tu mano al pueblo que espera en tu misericordia: que por tu ayuda se aparte de los males del mundo y encuentre los gozos eternos.
    Por Jesucristo Nuestro Señor.

Preces Comunes X

Oremos, hermanos, al Padre.

- Por la Santa Iglesia de Dios.
  Roguemos al Señor.

- Por los que se han alejado de la fe: para que encuentren de nuevo el buen camino.
  Roguemos al Señor.

- Para que proteja a los justos, consuele a los que sufren y dé la salud a los enfermos.
  Roguemos al Señor.

- Por la conversión de nuestros corazones.
  Roguemos al Señor.

Muestra, Padre celestial, tu bondad al pueblo que te suplica, para que reciba sin tardanza lo que pide confiadamente siguiendo tu inspiración.
Por Jesucristo Nuestro Señor.

Preces Comunes XI

Oremos, hermanos, a Dios nuestro Padre

- Por la Santa Iglesia: para que anuncie siempre el mensaje de Salvación.
Roguemos al Señor.

- Por todos los que sufren por algún motivo: para que el Señor les dé el alivio que necesitan.
Roguemos al Señor.

- Por todos los que consuelan a los que sufren: para que el Señor les conceda perseverancia.
Roguemos al Señor.

- Por nosotros: para que sepamos siempre perdonar.
Roguemos al Señor.

Escucha, Padre, la humilde expresión de nuestra fe y danos un corazón puro.
Por Jesucristo Nuestro Señor.

Preces Comunes XII

Oremos, hermanos, a Dios que siempre contribuye para bien de aquellos a los que ama.

- Por la Iglesia: para que todos sus miembros sean ejemplo de santidad.
  Roguemos al Señor.

- Para que la verdad de nuestra fe llegue a todos los lugares.
  Roguemos al Señor.

- Por los novios: para que obtengan la preparación necesaria para construir una familia sólida.
  Roguemos al Señor.

- Por las familias divididas: para que encuentren sus defectos, los corrijan y perdonen.
  Roguemos al Señor.

Escucha, Padre, nuestras súplicas y danos tu gracia salvadora.
  Por Jesucristo Nuestro Señor.

Preces Comunes XV

Oremos, hermanos, a Dios Padre de todo consuelo.

- Por la Iglesia: para que la conserves en la unidad.
Roguemos al Señor.

- Por los responsables de la información: para que siempre muestren la Verdad.
Roguemos al Señor.

- Por las víctimas de los delitos: para que tengan paz en su corazón.
Roguemos al Señor.

- Por nosotros: para que acrecientes nuestra fe.
Roguemos al Señor.

Escucha, Padre, nuestra oración y protégenos de todo mal
Por Jesucristo Nuestro Señor.

Preces Comunes XVI

Oremos, hermanos, a Dios Padre.

- Por la Iglesia: para que la acrecientes y la extiendas por el mundo entero.
 Roguemos al Señor.

- Por los militares y policías: para que los cuides y obtengan nuestra seguridad.
 Roguemos al Señor.

- Por todos los que sufren calumnias: para que los consueles y les des fortaleza.
 Roguemos al Señor.

- Por nosotros: para que crezcamos siempre en caridad.
 Roguemos al Señor.

Escucha, Padre, nuestras súplicas y concédenos alivio en la vida presente y alcanzar los gozos eternos.
 Por Jesucristo Nuestro Señor.

Preces Comunes XIII

Oremos, hermanos, a Dios todopoderoso, fuente de todo bien.

- Por los pastores de la Iglesia: para que guíen por el buen camino al pueblo a ellos encomendado.
Roguemos al Señor.

- Por todos los que buscan a Dios: para que perseveren en su búsqueda hasta encontrarte a Ti.
Roguemos al Señor.

- Por los que tienen vocación de consagración a Dios: para que tu gracia los cuide y los mantenga.
Roguemos al Señor.

- Por nosotros: para que cumplamos la misión que Dios nos ha encomendado.
Roguemos al Señor.

Escucha, Padre, nuestras súplicas que dirigimos a tu divina misericordia.
Por Jesucristo Nuestro Señor.

Preces Comunes XIV

Oremos, hermanos, a Dios Padre con la misma devoción con la que le rezó su Hijo, Nuestro Señor Jesucristo.

- Por el pueblo santo de Dios: para que crezca en número y en santidad.
 Roguemos al Señor.

- Por los responsables de la educación: para que siempre enseñen la Verdad.
 Roguemos al Señor.

- Por todos los que se escandalizan por nuestra falta de coherencia: para que por nuestra conversión vuelvan a confiar en tu mensaje.
 Roguemos al Señor.

- Por nosotros: para que sepamos actuar en cada acción de nuestra vida conforme a las enseñanzas de Cristo maestro.
 Roguemos al Señor.

Escucha, Padre, nuestras peticiones y guíanos a la Verdad completa.
 Por Jesucristo Nuestro Señor.

Domingo II. Tiempo ordinario. Ciclo A

Conociendo el testimonio que el Padre dio sobre su Hijo, oremos.

- Para que la Iglesia dé testimonio de Jesucristo a todas las gentes.
 Roguemos al Señor.

- Para que la gracia del Espíritu Santo se pose sobre los que no creen.
 Roguemos al Señor.

- Por todos los que enseñan la doctrina cristiana: para que den testimonio de vida cristiana.
 Roguemos al Señor.

- Por nosotros: para que nuestra vida sea testimonio de fe para los demás.
 Roguemos al Señor.

Te lo pedimos, por intercesión de tu Hijo, el Cordero de Dios que quita el pecado del mundo.
 Que contigo vive y reina por los siglos de los siglos.

Domingo III. Tiempo ordinario. Ciclo A

Oremos al Padre, por intercesión de su Hijo, luz que alumbra a las naciones.

- Para que la Iglesia ilumine en las tinieblas de este mundo.
   Roguemos al Señor.

- Por los gobernantes: para que actúen siempre con la conciencia de que el Reino de los Cielos está cerca.
   Roguemos al Señor.

- Por todos los que están atrapados en la oscuridad del pecado: para que tu luz les haga ver con claridad el camino de conversión.
   Roguemos al Señor.

- Por la conversión de nuestros corazones.
   Roguemos al Señor.

Te lo pedimos, Padre, con la intercesión de tu Hijo.
   Que contigo vive y reina por los siglos de los siglos.

Domingo IV. Tiempo ordinario. Ciclo A

Oremos a Dios, fuente de toda alegría.

- Por la Iglesia: para que lleve el mensaje de las bienaventuranzas a todas las gentes.
　Roguemos al Señor.

- Por las autoridades de este mundo: para que promuevan la paz y la justicia.
　Roguemos al Señor.

- Por los que sufren: para que se consuelen con el mensaje de las bienaventuranzas.
　Roguemos al Señor.

- Por nosotros: para que seamos siempre limpios de corazón.
　Roguemos al Señor.

Escucha nuestras oraciones, Padre misericordioso.
　Por Jesucristo Nuestro Señor.

Domingo V. Tiempo ordinario. Ciclo A

Elevemos nuestras oraciones al Padre.

- Por la Iglesia: para que sea siempre sal de la tierra.
Roguemos al Señor.

- Por los que abandonaron la fe: para que vean el camino de Dios nuevamente iluminado.
Roguemos al Señor.

- Por nuestros familiares, amigos y conocidos: para que los bendigas y nuestras buenas obras los muevan a glorificarte.
Roguemos al Señor.

- Por nosotros: para que seamos justos, clementes y compasivos.
Roguemos al Señor.

Te lo pedimos, por intercesión de tu Hijo, luz del mundo.
Que contigo vive y reina por los siglos de los siglos.

Domingo VI. Tiempo ordinario. Ciclo A

Oremos a Dios Padre, en su infinita justicia.

- Por la Iglesia: para que siempre enseñe con fidelidad las exigencias de la vida cristiana.
Roguemos al Señor.

- Por los responsables de los medios de información: para que sean transparentes a la verdad.
Roguemos al Señor.

- Por las familias: para que estén siempre en caridad, unidad y armonía.
Roguemos al Señor.

- Por nosotros: para que podamos saborear algún día lo que Dios ha preparado para los que le aman.
Roguemos al Señor.

Te lo pedimos a Ti, Padre de infinita sabiduría.
Por Jesucristo Nuestro Señor.

Domingo VII. Tiempo ordinario. Ciclo A

Oremos a Dios Padre de misericordia y de todo consuelo.

- Por la Iglesia: para que siempre ore por sus perseguidores.
 Roguemos al Señor.

- Por los perseguidos injustamente: para que encuentren paz en sus corazones.
 Roguemos al Señor.

- Por los que nos persiguen y calumnian.
 Roguemos al Señor.

- Por nosotros: para que hagamos siempre el bien a todos, justos o injustos.
 Roguemos al Señor.

Te lo pedimos, Padre bueno, que sabes darnos lo mejor en tu infinita sabiduría.
 Por Jesucristo Nuestro Señor.

Domingo VIII. Tiempo ordinario. Ciclo A

Oremos al único Dios verdadero.

- Por la Iglesia: para que busque siempre la salvación de las almas sin ataduras de este mundo.
Roguemos al Señor.

- Por los que ejercen alguna autoridad: para que no se dejen llevar por egoísmos y actúen en beneficio de los demás.
Roguemos al Señor.

- Por los niños por nacer y por los ancianos y enfermos: para que siempre sean queridos y deseados.
Roguemos al Señor.

- Para que busquemos ante todo el Reino de Dios y su justicia.
Roguemos al Señor.

Te lo pedimos, Padre, que nos cuidas en tu divina providencia.
Por Jesucristo Nuestro Señor.

Domingo IX. Tiempo ordinario. Ciclo A

Por nuestra salvación y por la de todos los hombres, oremos.

- Por la Iglesia: para que siempre esté bien cimentada en la doctrina de los apóstoles.
Roguemos al Señor.

- Para que todos sigamos los preceptos divinos.
Roguemos al Señor.

- Por los que no practican la fe: para que encuentren un sólido fundamento en Ti a través de nuestro ejemplo.
Roguemos al Señor.

- Para que nuestras buenas obras nos obtengan las gracias que nos sostengan en los momentos difíciles.
Roguemos al Señor.

Te lo pedimos, Dios Salvador Nuestro, que quieres que todos los hombres se salven y lleguen al conocimiento de la verdad.
Por Jesucristo Nuestro Señor.

Domingo X. Tiempo ordinario. Ciclo A

Elevemos nuestras súplicas a quien desea que nos acerquemos a Él.

- Por la Iglesia, Santa en su doctrina y Santa en su fundador, pero siempre necesitada de conversión: para que la ayudes en sus miembros, pecadores.
Roguemos al Señor.

- Para que todos los que sufren injusticias encuentren en tu misericordia la paz que necesitan.
Roguemos al Señor.

- Por los que han perdido la fe: para que la recuperen, aún contra toda esperanza.
Roguemos al Señor.

- Por nosotros: para que no demoremos nuestra respuesta a tu llamada.
Roguemos al Señor.

Concédenos estas peticiones, Dios de misericordia.
Por Jesucristo Nuestro Señor.

Domingo XI. Tiempo ordinario. Ciclo A

Sabedores de que siempre nos cuidas, te pedimos, Dios Padre, atiendas nuestras necesidades.

- Para que suscites en tu Iglesia pastores que guíen a tu rebaño.
 Roguemos al Señor.

- Por los que guían las naciones: para que cuiden de todos sus habitantes.
 Roguemos al Señor.

- Por los profesores: para que sepan guiar a sus alumnos en la verdad.
 Roguemos al Señor.

- Por los padres de familia: para que eduquen a sus hijos en la fe.
 Roguemos al Señor.

Te lo pedimos, Pastor eterno.
 Por Jesucristo Nuestro Señor.

Domingo XII. Tiempo ordinario. Ciclo A

Dios Padre, conociendo que en los momentos difíciles siempre nos acompañas, escucha nuestras súplicas.

- Por la Iglesia: para que siempre busque la salvación de las almas.
 Roguemos al Señor.

- Por los arriesgan su vida por nuestra seguridad: para que cuides sus cuerpos y sus almas.
 Roguemos al Señor.

- Por los que están en peligro: para que reciban la ayuda que esperan.
 Roguemos al Señor.

- Para que siempre sostengas en nosotros la vida de la gracia, fuera de todo pecado mortal.
 Roguemos al Señor.

Te lo pedimos, a Ti, Dios providente.
Por Jesucristo Nuestro Señor.

Domingo XIII. Tiempo ordinario. Ciclo A

Supliquemos a Dios, que es generoso con sus hijos.

- Por la Iglesia: para que predique siempre la cruz de Cristo y todos nosotros tengamos la valentía de llevarla.
Roguemos al Señor.

- Para que cada uno sea recompensado como merecen sus trabajos bien ofrecidos a Dios.
Roguemos al Señor.

- Por las familias: para que siempre invoquen a Dios como su Señor y habites con ellos.
Roguemos al Señor.

- Para que seamos generosos con el prójimo.
Roguemos al Señor.

Que nuestra oración, Dios de bondad, suba a tu presencia y que nuestras peticiones obtengan de tu generosidad fruto abundante.
Por Jesucristo Nuestro Señor.

Domingo XIV. Tiempo ordinario. Ciclo A

Habiéndonos revelado tu Hijo el amor que nos tienes, te damos gracias, Padre, y te pedimos nos concedas cuanto vamos a pedirte.

- Por la Iglesia: para que los tesoros que le concediste con la Revelación lleguen a todos los hombres.
Roguemos al Señor.

- Por la paz en todas las naciones.
Roguemos al Señor.

- Para que todos los que se sienten cansados y agobiados encuentren alivio en el Señor.
Roguemos al Señor.

- Para que tu amor nos enseñe a llevar la cruz de cada día con alegría.
Roguemos al Señor.

Te pedimos, Padre, aceptes nuestras humildes súplicas por intercesión de tu Hijo, manso y humilde de corazón.
Que contigo vive y reina por los siglos de los siglos.

Domingo XV. Tiempo ordinario. Ciclo A

Inspirados por tu palabra, que nos guía hacia la salvación, oremos.

- Para que la Iglesia siembre la palabra de Dios por todo el mundo.
 Roguemos al Señor.

- Para que demos fruto, y fruto en abundancia.
 Roguemos al Señor.

- Para que las dificultades de cada día no impidan que crezcamos en santidad.
 Roguemos al Señor.

- Para que los afanes de la vida no entorpezcan nuestra vida espiritual.
 Roguemos al Señor.

Te lo pedimos, con la intercesión de tu Hijo, la Palabra hecha carne.
 Que contigo vive y reina por los siglos de los siglos.

Domingo XVI. Tiempo ordinario. Ciclo A

No sabiendo pedir lo que nos conviene, oremos, con la intercesión del Espíritu Santo.

- Por la Iglesia: para que vele por nosotros y nos libre del Maligno.
 Roguemos al Señor.

- Por la conversión de todos los que viven alejados de Dios.
 Roguemos al Señor.

- Para que sepamos vivir con paciencia en medio de los males de este mundo.
 Roguemos al Señor.

- Por nosotros, pecadores: para que infundas en nosotros arrepentimiento y conversión.
 Roguemos al Señor.

Oh Dios, escucha la oración de tu pueblo y concédenos, guiados por tu Espíritu, los dones que te pedimos.
 Por Jesucristo Nuestro Señor.

Domingo XVII. Tiempo ordinario. Ciclo A

Te pedimos, Señor del cielo y de la tierra, que escuches nuestra oración.

- Para que valoremos y disfrutemos todos los tesoros espirituales que Cristo nos dejó en la Iglesia.
Roguemos al Señor.

- Por los gobernantes: para que les concedas un claro discernimiento entre el bien y el mal, y un corazón dócil a tu servicio.
Roguemos al Señor.

- Para que comprendamos que las contrariedades de la vida son también para nuestro bien.
Roguemos al Señor.

- Por nosotros: para que valoremos todo lo que nos conduce al Reino de los Cielos y tengamos la valentía de entregar todo lo necesario para alcanzarlo.
Roguemos al Señor.

Nos dirigimos a Ti, Rey de los Cielos, esperando nos concedas, cuanto te hemos pedido.
Por Jesucristo Nuestro Señor.

Domingo XVIII. Tiempo ordinario. Ciclo A

En tu generosidad, Señor, concédenos cuanto te pedimos.

- Por la Iglesia: para que siempre dé el alimento espiritual que el pueblo cristiano necesita.
Roguemos al Señor.

- Por los que han perdido a sus seres queridos: para que tengan paz y tranquilidad en su corazón.
Roguemos al Señor.

- Para que ni la angustia, ni el peligro nos aparten del amor de Dios manifestado en Cristo Jesús.
Roguemos al Señor.

- Por nosotros: para que tu bondad sacie nuestras almas de favores.
Roguemos al Señor.

Dios todopoderoso, sácianos con tu gracia, para que iluminado nuestro entendimiento sepamos seguir tus pasos.
Por Jesucristo Nuestro Señor.

Domingo XIX. Tiempo ordinario. Ciclo A

Dirigiéndonos a Jesucristo, que es realmente el Hijo de Dios, oremos.

- Por la Iglesia sacudida por los vientos contrarios de este mundo: para que mantenga firme su rumbo hacia el cielo.
 Roguemos al Señor.

- Por las autoridades de este mundo, acechadas por oleadas de ideologías perversas: para que se mantengan firmes en la verdad.
 Roguemos al Señor.

- Por los que están en peligro: para que siempre los afronten con la presencia de Dios en sus vidas.
 Roguemos al Señor.

- Por nosotros: para que no tengamos miedo en el camino hacia Dios.
 Roguemos al Señor.

Te lo pedimos a Ti, Nuestro Señor Jesucristo, que siempre te acercas a nosotros en momentos de necesidad.
 Tú que vives y reinas, con el Padre y el Espíritu Santo, por los siglos de los siglos.

Domingo XX. Tiempo ordinario. Ciclo A

Acercándonos a Ti, en busca de tu ayuda, Señor socórrenos.

- Por todos los bautizados: para que como hijos tuyos nos alimentes con el pan del cielo.
 Roguemos al Señor.

- Por los niños: para que los protejas del mal.
 Roguemos al Señor.

- Por los que no te conocen: para que les concedas la fe.
 Roguemos al Señor.

- Para que nos apartes del Maligno.
 Roguemos al Señor.

Aunque sabemos que somos indignos de tu ayuda, concédenos lo que te pedimos.
 Por Jesucristo Nuestro Señor.

Domingo XXI. Tiempo ordinario. Ciclo A

Elevemos nuestras oraciones a Dios Padre por intercesión de su Hijo, el Mesías, el Hijo de Dios vivo.

- Por la Iglesia: para que sea siempre piedra firme en la fe.
   Roguemos al Señor.

- Por los que tienen el poder legislativo: para que sus leyes sean conformes a la ley natural.
   Roguemos al Señor.

- Por los que no conocen a Cristo: para que Dios Padre, que está en el cielo, les haga conocer la Revelación.
   Roguemos al Señor.

- Para que nosotros mejoremos nuestro conocimiento de Jesús.
   Roguemos al Señor.

Te lo pedimos a Ti, Padre Celestial: origen, guía y meta del universo.
   Por Jesucristo Nuestro Señor.

Domingo XXII. Tiempo ordinario. Ciclo A

Elevemos nuestras súplica al Padre, por intercesión de su Hijo, que murió por nosotros.

- Para que la Iglesia sea valiente para predicar la cruz de Cristo.
  Roguemos al Señor.

- Por los jueces: para que sean honestos e imparciales.
  Roguemos al Señor.

- Por todos los que sufren: para que sepan cargar la cruz de cada día con arrojo e intrepidez.
  Roguemos al Señor.

- Por nosotros: para que nuestra conducta te sea siempre grata y no seamos piedra de tropiezo para los demás.
  Roguemos al Señor.

Te pedimos humildemente que aceptes nuestras súplicas
  Por Jesucristo Nuestro Señor.

Domingo XXIII. Tiempo ordinario. Ciclo A

Oremos todos reunidos en nombre de Nuestro Señor.

- Para que la Iglesia esté siempre atenta para corregir a quienes se alejan de su doctrina.
 Roguemos al Señor.

- Para que quienes son corregidos acepten con humildad sus errores.
 Roguemos al Señor.

- Para que nos conceda un profundo amor al prójimo.
 Roguemos al Señor.

- Para que sepamos corregir con caridad y humildad.
 Roguemos al Señor.

Esperamos nos concedas estas peticiones que todos nosotros reunidos te hemos expresado.
 Por Jesucristo Nuestro Señor.

Domingo XXIV. Tiempo ordinario. Ciclo A

Oremos a Nuestro Señor, rico en clemencia.

- Para que todos los miembros de la Iglesia recuerden siempre el sacramento de la confesión como camino del perdón divino.
Roguemos al Señor.

- Por las almas del purgatorio: para que encuentren pronto, con tu perdón y clemencia, su entrada en el cielo.
Roguemos al Señor.

- Por los que llevan mucho tiempo alejados de Dios: para que descubran al Señor, compasivo y misericordioso.
Roguemos al Señor.

- Para que tengas paciencia de nosotros, ante lo mucho que te debemos.
Roguemos al Señor.

Te lo pedimos, Padre clemente, confiados en tu infinita misericordia.
Por Jesucristo Nuestro Señor.

Domingo XXV. Tiempo ordinario. Ciclo A

Invoquemos al Señor, que está cerca de nosotros, para que atienda nuestras súplicas.

- Por la Iglesia: para que siga obediente y fielmente los planes de Dios.
 Roguemos al Señor.

- Por todos los que enseñan la doctrina cristiana: para que su trabajo día tras día dé abundantes frutos.
 Roguemos al Señor.

- Por los que aún no te conocen: para que los llames pronto para trabajar en tu viña.
 Roguemos al Señor.

- Por nosotros: para que seamos dóciles para seguir el camino que nos marques.
 Roguemos al Señor.

Te suplicamos, Dios de bondad, que escuches nuestras oraciones y podamos gozar siempre de tu presencia.
 Por Jesucristo Nuestro Señor.

Domingo XXVI. Tiempo ordinario. Ciclo A

Deseando tener los mismos sentimientos que Cristo Jesús, pidamos al Padre atienda nuestras súplicas.

- Por la Iglesia: para que siempre esté presta para cumplir tus designios.
Roguemos al Señor.

- Por los que están esclavizados por la lujuria o por adicciones, alcohol o drogas: para que su fe les haga cambiar de vida.
Roguemos al Señor.

- Por los hijos en el hogar: para que sean siempre obedientes a sus padres.
Roguemos al Señor.

- Para que nosotros cumplamos los Mandamientos en todo momento.
Roguemos al Señor.

Dios todopoderoso, concédenos tu gracia para que podamos obedecer tu voluntad.
Por Jesucristo Nuestro Señor.

Domingo XXVII. Tiempo ordinario. Ciclo A

Presentemos a Dios nuestras peticiones, en oración y con súplicas con acción de gracias.

- Por la Iglesia: para que dé siempre a sus hijos los frutos espirituales que le corresponden.
Roguemos al Señor.

- Por los que tienen autoridad en las naciones: para que den buenos frutos a sus súbditos.
Roguemos al Señor.

- Por los padres de familia: para que procuren en sus hijos una buena educación en la fe, y les faciliten que se acerquen a Ti.
Roguemos al Señor.

- Por los profesores: para que den a sus alumnos la sabiduría que necesitan.
Roguemos al Señor.

Te pedimos nos concedas cuanto te pedimos para que el Dios de la paz esté con nosotros.
Por Jesucristo Nuestro Señor.

Domingo XXVIII. Tiempo ordinario. Ciclo A

Esperando que la mano de Dios se pose sobre nosotros, pidamos al Padre que atienda nuestra oración.

- Por la Iglesia: para que su jerarquía, en su predicación, invite y oriente siempre a todos a participar dignamente del banquete celestial.
Roguemos al Señor.

- Por los que padecen tribulación: para que Tú enjugues sus lágrimas y les concedas la paz.
Roguemos al Señor.

- Por los que padecen hambre o privación: para que les concedas hartura y abundancia.
Roguemos al Señor.

- Para que aceptemos con nuestras obras tu invitación al banquete celestial.
Roguemos al Señor.

Acepta nuestras súplicas y provee nuestras necesidades con magnificencia, conforme a las riquezas de Cristo Jesús.
Que contigo vive y reina por los siglos de los siglos.

Domingo XXIX. Tiempo ordinario. Ciclo A

Oremos a nuestro Dios, el único y verdadero.

- Para que la Iglesia tenga por todo el mundo libertad para predicar el evangelio.
 Roguemos al Señor.

- Para que las autoridades civiles actúen siempre con justicia y por el bien común.
 Roguemos al Señor.

- Por los responsables de la información: para que actúen siempre en la verdad y sin dejarse llevar por las apariencias.
 Roguemos al Señor.

- Para que le demos a Dios el culto que se merece, tributándole el honor que le debemos.
 Roguemos al Señor.

Sabedores de tu generosidad, te pedimos estos bienes.
 Por Jesucristo Nuestro Señor.

Domingo XXX. Tiempo ordinario. Ciclo A

Dirijámonos al Dios vivo y verdadero para que nos libre de todo mal.

- Por la Iglesia: para que la palabra de Dios resuene en todas partes.
 Roguemos al Señor.

- Por las viudas y los huérfanos: para que no queden desamparados.
 Roguemos al Señor.

- Por nuestras familias, bienhechores, amigos y conocidos: para que les concedas la gracia y la paz.
 Roguemos al Señor.

- Para que amemos a Dios y al prójimo cumpliendo los Mandamientos.
 Roguemos al Señor.

Venga tu auxilio sobre nosotros como lo esperamos de Ti.
 Por Jesucristo Nuestro Señor.

Domingo XXXI. Tiempo ordinario. Ciclo A

Elevemos humildemente nuestras oraciones a Dios Padre, merecedor de culto, gloria y alabanza.

- Por la Iglesia: para que sus miembros seamos siempre ejemplo para todo el mundo.
　Roguemos al Señor.

- Por los jefes de las naciones: para que actúen siempre sometidos a Nuestro Señor Jesucristo.
　Roguemos al Señor.

- Por los padres de familia: para que actúen siempre orientados por Dios Nuestro Padre.
　Roguemos al Señor.

- Por nosotros: para que llevemos a la práctica todos nuestros buenos deseos.
　Roguemos al Señor.

Te lo pedimos, confiados en tu palabra.
　Por Jesucristo Nuestro Señor.

Domingo XXXII. Tiempo ordinario. Ciclo A

Oremos a Dios, que nos cuida con su sabiduría.

- Por la Iglesia: para que vele por nosotros y cuando llegue Cristo nos encuentre preparados.
Roguemos al Señor.

- Por las almas del purgatorio.
Roguemos al Señor.

- Por todos nuestros familiares difuntos.
Roguemos al Señor.

- Para que adquiramos una profunda virtud de la prudencia.
Roguemos al Señor.

Te lo pedimos, Padre de todo consuelo.
Por Jesucristo Nuestro Señor.

Domingo XXXIII. Tiempo ordinario. Ciclo A

Esperando la venida de Nuestro Señor, oremos por las necesidades de todos, mientras aguardamos su llegada.

- Por la Iglesia: para que los dones que ha recibido de su Fundador lleguen a todos los hombres.
 Roguemos al Señor.

- Por los que no tienen trabajo: para que les des el pan de cada día.
 Roguemos al Señor.

- Por todos los que trabajan: para que encuentren el merecido premio por su esfuerzo.
 Roguemos al Señor.

- Para que demos muchos frutos de las abundantes gracias que hemos recibido.
 Roguemos al Señor.

Acepta nuestras súplicas y ayúdanos a ofrecerte generosamente los mismos dones que recibimos de ti.
 Por Jesucristo Nuestro Señor.

Domingo II. Tiempo ordinario. Ciclo B

Supliquemos a Dios Padre, que escucha siempre nuestras oraciones.

- Por la Iglesia: para que crezca en santidad.
  Roguemos al Señor.

- Para que vivamos la virtud de la pureza.
  Roguemos al Señor.

- Por los que no te conocen: para que reciban la fe.
  Roguemos al Señor.

- Para que respondamos siempre a tu llamada.
  Roguemos al Señor.

Oh Dios, escucha la oración de tu pueblo y concédenos, guiados por tu Espíritu, los dones que te pedimos.
  Por Jesucristo Nuestro Señor.

Domingo III. Tiempo ordinario. Ciclo B

Pidamos al Padre, sabedores de su misericordia con la que se compadece por todos nosotros.

- Por los pastores de la Iglesia: para que guíen con prontitud y esmero al rebaño a ellos encomendado.
  Roguemos al Señor.

- Por las vocaciones sacerdotales y religiosas: para que Dios mande operarios a su mies y ministros a su Iglesia.
  Roguemos al Señor.

- Por los que están lejos de Dios: para que se arrepientan de su mala vida.
  Roguemos al Señor.

- Para que renunciemos a todo lo que nos impide el seguimiento de Jesucristo.
  Roguemos al Señor.

Muestra, Padre celestial, tu bondad al pueblo que te suplica, para que reciba sin tardanza lo que te pide confiadamente.
  Por Jesucristo Nuestro Señor.

Domingo IV. Tiempo ordinario. Ciclo B

Oremos a Dios, que tiene todo poder sobre este mundo.

- Para que la Iglesia sepa hablar al mundo con autoridad y exponga el mensaje del evangelio con convicción.
Roguemos al Señor.

- Para que todos los que tiene autoridad en este mundo alejen de todo mal a sus súbditos.
Roguemos al Señor.

- Por todos los que se dedican a la enseñanza: para que sepan asombrar a sus alumnos con la coherencia entre la razón y la fe.
Roguemos al Señor.

- Para que las dificultades de este mundo no endurezcan nuestros corazones.
Roguemos al Señor.

Te lo pedimos a ti, Padre Nuestro, que en tu sabiduría sabes lo que nos conviene.
Por Jesucristo Nuestro Señor.

Domingo V. Tiempo ordinario. Ciclo B

Oremos sin desfallecer y pidamos a Dios nos sostenga en nuestras dificultades y sufrimientos.

- Por la Iglesia: para que nunca deje de dar la sana doctrina.
  Roguemos al Señor.

- Por los que no tienen medios para subsistir: para que encuentren saciada su esperanza.
  Roguemos al Señor.

- Por los que sufren con un corazón destrozado: para que el Señor venga a sanar sus heridas.
  Roguemos al Señor.

- Por nosotros: para que en medio de nuestros quehaceres tengamos siempre tiempo para orar.
  Roguemos al Señor.

Te lo pedimos, Dios Padre de todo consuelo, sabedores de que siempre nos escuchas.
  Por Jesucristo Nuestro Señor.

Domingo VI. Tiempo ordinario. Ciclo B

Necesitando de tu ayuda, acudimos a Ti, Señor Nuestro, para que nos libres de todo mal.

- Por todos los miembros de la Iglesia, que por nuestro obrar escandalizamos al mundo: para que nos libres de toda mancha.
Roguemos al Señor.

- Por los que se han dejado seducir por la corrupción: para que los limpies de toda mancha.
Roguemos al Señor.

- Por los que viven atrapados por vicios o adicciones: para que los limpies de toda mancha.
Roguemos al Señor.

- Por nosotros pecadores: para que con tu gracia limpiemos nuestra alma de toda mancha.
Roguemos al Señor.

Acepta nuestras peticiones, Señor, refugio nuestro.
Por Jesucristo Nuestro Señor.

Domingo VII. Tiempo ordinario. Ciclo B

Pidamos al Padre por todos nosotros, siempre necesitados de conversión.

- Por la Iglesia: para que siempre proponga la Palabra de Dios como camino de vida.
Roguemos al Señor.

- Por las autoridades civiles: para que siempre acepten a Dios como su Señor.
Roguemos al Señor.

- Por los enfermos: para que les des el consuelo en sus sufrimientos y la paz en su corazón.
Roguemos al Señor.

- Por nosotros: para que nos tengas paciencia cuando caemos en el pecado, y nos ayudes a levantarnos.
Roguemos al Señor.

Te lo pedimos, con la intercesión de tu Palabra hecha carne.
Que contigo vive y reina por los siglos de los siglos.

Domingo VIII. Tiempo ordinario. Ciclo B

Oremos al Señor, que es compasivo y misericordioso y nos colma de gracia y de ternura.

- Por la Iglesia: para que sepa llevar la Palabra y los sacramentos al corazón de las gentes.
Roguemos al Señor.

- Para que los gobiernos promuevan el progreso material que permita llevar el pan de cada día a todos los hogares.
Roguemos al Señor.

- Por los que por vivir en territorios de persecución no reciben alimento espiritual: para que Tú mismo los cuides y alimentes.
Roguemos al Señor.

- Para que sepamos vivir la alegría en medio de las dificultades de este mundo.
Roguemos al Señor.

Sé compasivo con nosotros y concédenos cuanto te hemos pedido.
Por Jesucristo Nuestro Señor.

Domingo IX. Tiempo ordinario. Ciclo B

Pidamos a Dios, que es nuestra fuerza, para que nos ayude.

- Por la Iglesia: para que alimente al pueblo de Dios en abundancia con la Santa Eucaristía.
Roguemos al Señor.

- Para que los bienes materiales no sean un estorbo sino una ayuda en nuestro camino hacia Dios.
Roguemos al Señor.

- Por los que por enfermedad o imposibilidad física no pueden asistir a la misa dominical: para que los llenes de tu gracia.
Roguemos al Señor.

- Para que siempre te demos el culto que te mereces.
Roguemos al Señor.

Te pedimos nos concedas los bienes temporales y eternos que necesitamos.
Por Jesucristo Nuestro Señor.

Domingo X. Tiempo ordinario. Ciclo B

Perteneciendo a la familia divina, como hijos de Dios, oremos a Nuestro Padre.

- Por la Iglesia: para que siempre predique la Cruz de Cristo, aunque para el mundo sea locura o escándalo.
Roguemos al Señor.

- Por la unidad de las familias.
Roguemos al Señor.

- Por los que atrapados por el pecado están lejos de Ti: para que tu Espíritu los libere.
Roguemos al Señor.

- Para que no pongamos excusas para nuestra conversión.
Roguemos al Señor.

Acepta nuestras peticiones con la intercesión del Espíritu Santo.
Que contigo vive y reina por los siglos de los siglos.

Domingo XI. Tiempo ordinario. Ciclo B

Con el deseo de progresar en nuestra vida espiritual elevemos al Padre nuestras súplicas.

- Para que la Iglesia fundada sobre San Pedro, la primera piedra, vaya creciendo y extendiéndose al mundo entero.
Roguemos al Señor.

- Por todas las naciones: para que progresen en lo temporal y en lo espiritual.
Roguemos al Señor.

- Por los niños: para que crezcan en sabiduría y gracia.
Roguemos al Señor.

- Por los que estamos aquí reunidos: para que el Reino de Dios crezca en nosotros hasta la santidad.
Roguemos al Señor.

Padre, atiende nuestras peticiones para que tu gracia aumente en nosotros y nos ayude a crecer en la fe.
Por Jesucristo Nuestro Señor.

Domingo XII. Tiempo ordinario. Ciclo B

Con la confianza de que Dios está con nosotros en nuestras dificultades elevemos al Padre nuestras peticiones.

- Por la Iglesia, la barca de Pedro: para que la protejas ante toda adversidad.
Roguemos al Señor.

- Por todos los que ejercen autoridad en el mundo: para que llevando el timón, sepan guiar a los demás a buen puerto.
Roguemos al Señor.

- Por nuestras familias, como barcas en medio de las dificultades: para que las protejas.
Roguemos al Señor.

- Por nosotros: para que no perdamos la fe en momentos difíciles.
Roguemos al Señor.

Padre, escucha nuestras súplicas como escuchaste las de los discípulos despertando a tu Hijo Jesucristo.
Que contigo vive y reina por los siglos de los siglos.

Domingo XIII. Tiempo ordinario. Ciclo B

Con la confianza de que Dios está con nosotros, en nuestras enfermedades y en la aflicción por la muerte de nuestros seres queridos, elevemos al Padre nuestras peticiones.

- Por la Iglesia, santa en su fundador pero pecadora en sus miembros: para que la sanes con tu gracia.
Roguemos al Señor.

- Por todos aquellos que en el mundo han muerto a la vida de la gracia: para que despierten de su situación de pecado, por el arrepentimiento y la confesión.
Roguemos al Señor.

- Por todos los enfermos y moribundos: para que reciban el consuelo y la paz que necesitan.
Roguemos al Señor.

- Por todos nosotros: para que en nuestras aflicciones y problemas acudamos siempre al Señor por medio de la oración.
Roguemos al Señor.

Padre de misericordia, escucha nuestras súplicas y socórrenos en nuestras debilidades.
Por Jesucristo Nuestro Señor.

Domingo XIV. Tiempo ordinario. Ciclo B

Con todo el corazón oremos hermanos a Dios, que siempre ha estado a nuestro lado.

- Para que la Iglesia predique siempre con sabiduría para asombro y conversión del mundo.
 Roguemos al Señor.

- Por todos los pueblos por donde ha pasado el mensaje de Jesús de Nazaret: para que reconozcan su poder y su sabiduría y se sometan a ellos.
 Roguemos al Señor.

- Por todos los que no creen en Dios: para que salgan de su incredulidad y encuentren en Jesús al mismo Dios.
 Roguemos al Señor.

- Por nosotros: para que con el paso del tiempo nuestro trato con Dios no se haga superficial, y así siempre profundicemos en la vida espiritual.
 Roguemos al Señor.

Oh Dios, que nos has acompañado siempre como Padre Nuestro, no permitas que tu poder y tu sabiduría nos pasen desapercibidos, y así podamos conocer mejor a tu Hijo Jesucristo.
 Que contigo vive y reina por los siglos de los siglos.

Domingo XV. Tiempo ordinario. Ciclo B

Elevemos nuestra oración a Dios Padre que nos ha revelado a su Hijo para nuestra salvación.

- Por la Iglesia: para que difunda por todo el mundo el mensaje del evangelio.
Roguemos al Señor.

- Por todos los pueblos: para que acepten a Cristo en sus vidas, y sus leyes no rechacen su mensaje.
Roguemos al Señor.

- Por todos los que han de difundir la fe: sacerdotes, catequistas, padres de familia…: para que refuercen su mensaje con una vida santa.
Roguemos al Señor.

- Por nosotros: para que la predicación del arrepentimiento nos haga cambiar de vida.
Roguemos al Señor.

Señor nuestro, que enviaste a tu Hijo al mundo para nuestra salvación, te pedimos ser fieles a la doctrina cristiana y así vivirla para conversión de los que no creen.
Por Jesucristo Nuestro Señor.

Domingo XVI. Tiempo ordinario. Ciclo B

Oremos a Dios Padre para que nos cuide desde el cielo.

- Por las vocaciones sacerdotales: para que crezcan y puedan atender a toda la humanidad.
 Roguemos al Señor.

- Por todos los hombres: para que tengan oportunidad de conocer y amar a Dios.
 Roguemos al Señor.

- Por los enfermos: para que siempre estén cuidados y atendidos, corporal y espiritualmente.
 Roguemos al Señor.

- Por nosotros: para que seamos dóciles a la voluntad de Dios.
 Roguemos al Señor.

Te lo pedimos, por Jesucristo, el buen pastor que cuida sus ovejas.
 Que contigo vive y reina por los siglos de los siglos.

Domingo XVII. Tiempo ordinario. Ciclo B

Oremos a Dios todopoderoso.

- Por la Iglesia: para que alimente al pueblo de Dios con la palabra y los sacramentos.
  Roguemos al Señor.

- Por todos los hombres: para que siempre tengan el pan de cada día.
  Roguemos al Señor.

- Por los que tienen hambre y sed de justicia: para que se vean saciados.
  Roguemos al Señor.

- Por nosotros: para que sepamos ser generosos con el prójimo.
  Roguemos al Señor.

Padre Nuestro que siempre nos cuidas con tu divina providencia, concédenos poder siempre acercarnos a Ti, en la Sagrada Eucaristía, a través de tu Hijo.
Que contigo vive y reina por los siglos de los siglos.

Domingo XVIII. Tiempo ordinario. Ciclo B

Oremos a Dios Padre por intercesión de su Hijo Jesucristo.

- Por la unidad de la Iglesia en una misma fe.
 Roguemos al Señor.

- Por todas las familias: para que tengan siempre el pan de cada día.
 Roguemos al Señor.

- Por los que buscan llenar su corazón: para que sacien su alma con Cristo, pan de vida.
 Roguemos al Señor.

- Para que nosotros recibamos con provecho el alimento espiritual de la Comunión.
 Roguemos al Señor.

Escucha Padre, nuestras peticiones, y alimenta nuestra alma para que podamos vivir para siempre contigo en el cielo.
 Por Jesucristo Nuestro Señor.

Domingo XIX. Tiempo ordinario. Ciclo B

Sabedores de que nadie puede llegar a Jesucristo si no lo atrae el Padre, oremos.

- Por la Iglesia: para que sea reconocida en el mundo como sociedad sobrenatural fundada por Jesucristo.
 Roguemos al Señor.

- Por todos los que están dominados por la ira y la indignación: para que encuentren la paz en Cristo.
 Roguemos al Señor.

- Por todos los que sufren por la murmuración: para que encuentren en Cristo su compañía y su consuelo.
 Roguemos al Señor.

- Por nosotros: para que sepamos encontrar el necesario alimento espiritual en cada Santa Misa.
 Roguemos al Señor.

Te lo pedimos a Ti, Padre del cielo y de la tierra. Por Jesucristo Nuestro Señor.

Domingo XX. Tiempo ordinario. Ciclo B

Dando gracias a Dios Padre por todos los bienes que nos ha concedido, oremos.

- Por la Iglesia: para que pueda difundir la Eucaristía por todo el mundo.
 Roguemos al Señor.

- Por todos los investidos en autoridad: para que sigan la voluntad de Dios.
 Roguemos al Señor.

- Por los difuntos: para que todos puedan vivir contigo en el cielo.
 Roguemos al Señor.

- Por nosotros: para que nos concedas la virtud de la prudencia.
 Roguemos al Señor.

Te lo pedimos, a Ti, Padre del cielo y de la tierra por tu Hijo, pan de vida eterna.
 Que contigo vive y reina por los siglos de los siglos.

Domingo XXI. Tiempo ordinario. Ciclo B

Oremos a Dios Nuestro Padre, fuente de toda santidad.

- Por la Iglesia: para que sea siempre fiel a la doctrina revelada, sin caer en la tentación de dar una doctrina aceptable para el mundo.
 Roguemos al Señor.

- Por los que no creen: para que acepten al Señor como único Dios verdadero.
 Roguemos al Señor.

- Por los matrimonios: para que vivan en armonía y caridad.
 Roguemos al Señor.

- Por nosotros: para que no nos separemos de Ti.
 Roguemos al Señor.

Te lo pedimos a Ti, Padre, que tienes palabras de vida eterna.
 Por Jesucristo Nuestro Señor.

Domingo XXII. Tiempo ordinario. Ciclo B

Conociendo que hay que amar a Dios con todo el corazón, oremos al Padre, para que nos lo conceda.

- Por la Iglesia: para que a través de sus ritos llegue al corazón de todos.
Roguemos al Señor.

- Por los pecadores: homicidas, adúlteros, envidiosos, orgullosos, frívolos... para que alcancen el arrepentimiento de todo corazón.
Roguemos al Señor.

- Por los huérfanos y las viudas: para que sean consolados en sus tribulaciones.
Roguemos al Señor.

- Por nosotros: para que obremos siempre con recta intención.
Roguemos al Señor.

Concédenos, Dios Padre, estas peticiones y consérvanos fieles a tu Espíritu.
Por Jesucristo Nuestro Señor.

Domingo XXIII. Tiempo ordinario. Ciclo B

Sabiendo que Dios siempre nos escucha, oremos al Padre.

- Por la Iglesia: para que siempre siga obedientemente tus mandatos.
 Roguemos al Señor.

- Por los que no hacen caso a tu voz: para que la gracia abra sus oídos al mensaje del evangelio.
 Roguemos al Señor.

- Por todos los que oran: para que por medio de ese diálogo lleguen a amarte mejor.
 Roguemos al Señor.

- Por nosotros: para que no seamos sordos a tu voz.
 Roguemos al Señor.

Escúchanos Señor y no dejes de guiarnos con tu divina providencia.
 Por Jesucristo Nuestro Señor.

Domingo XXIV. Tiempo ordinario. Ciclo B

Oremos al Padre, que ha entregado a su Hijo para la salvación del mundo.

- Por la Iglesia: para que no se deje guiar por los criterios mundanos.
 Roguemos al Señor.

- Por los que no te conocen: para que tengan la oportunidad de conocerte con toda claridad.
 Roguemos al Señor.

- Por los que sufren: para que lleven su cruz con alegría.
 Roguemos al Señor.

- Por nosotros: para que tengamos la valentía de tomar la cruz de cada día.
 Roguemos al Señor.

Te lo pedimos, Padre, con la intercesión de tu Hijo, nuestro Salvador.
 Que contigo vive y reina por los siglos de los siglos.

Domingo XXV. Tiempo ordinario. Ciclo B

Oremos al Padre, por intercesión de su Hijo, que quiso salvarnos por medio de la cruz.

- Por la Iglesia: para que brille por su humildad y obediencia a Jesucristo.
Roguemos al Señor.

- Por todos los dedicados a la enseñanza: para que sean ejemplo para los demás.
Roguemos al Señor.

- Por los niños: para que encuentren siempre un entorno de amor a Dios en sus hogares.
Roguemos al Señor.

- Por nosotros: para que no nos dejemos llevar por la envidia o la rivalidad.
Roguemos al Señor.

Padre, escucha nuestras súplicas y muéstranos el camino de salvación.
Por Jesucristo Nuestro Señor.

Domingo XXVI. Tiempo ordinario. Ciclo B

Sabedores de que el Padre es lento a la cólera y rico en piedad, oremos.

- Por la Iglesia: para que acoja y bendiga a todos los que hacen el bien en el nombre de Jesucristo.
Roguemos al Señor.

- Por los que se han alejado en la fe: para que vuelvan al buen camino.
Roguemos al Señor.

- Por los que son víctimas de la envidia: para que se llenen de humildad y modestia.
Roguemos al Señor.

- Por nosotros: para que nunca seamos mal ejemplo para los demás.
Roguemos al Señor.

Escucha, Padre, nuestras oraciones y concédenos tu gracia.
Por Jesucristo Nuestro Señor.

Domingo XXVII. Tiempo ordinario. Ciclo B

Oremos al Padre que quiso que su Hijo Jesucristo viviera en la Sagrada Familia, por el matrimonio de San José y la Virgen María.

- Por la Iglesia: para que sea la esposa fiel de Jesucristo.
 Roguemos al Señor.

- Por los niños que no tienen la posibilidad de acercarse a la Santa Misa: para que no se apague en ellos la ilusión de conocer a Dios.
 Roguemos al Señor.

- Por todos los matrimonios: para que, en el amor mutuo y en la fidelidad constante, sean en nuestra sociedad fermento de paz y unidad.
 Roguemos al Señor.

- Por nuestras familias: para que las mantengas en la unidad.
 Roguemos al Señor.

Te lo pedimos, a ti Padre.
 Por Jesucristo Nuestro Señor.

Domingo XXVIII. Tiempo ordinario. Ciclo B

Dando gracias a Dios por todos los bienes que nos concede, oremos al Padre.

- Por la Iglesia: para que haga llegar la palabra de Dios a lo más profundo del alma de sus fieles.
Roguemos al Señor.

- Por los que se han apartado de Dios: para que regresen al buen camino.
Roguemos al Señor.

- Por los que carecen de sabiduría: para que no les falte el buen consejo que les ilumine.
Roguemos al Señor.

- Por todos nosotros: para que seamos generosos con Dios.
Roguemos al Señor.

Confiados en tu gran generosidad, concédenos cuanto te hemos pedido.
Por Jesucristo Nuestro Señor.

Domingo XXIX. Tiempo ordinario. Ciclo B

Oremos a Dios Padre omnipotente.

- Por la Iglesia: para que sea fiel servidora de Jesucristo.
 Roguemos al Señor.

- Por los que rigen el destino de los pueblos: para que sepan estar al servicio de los demás.
 Roguemos al Señor.

- Por los padres de familia: para que entreguen alegremente su vida al servicio de sus hijos.
 Roguemos al Señor.

- Por nosotros: para que podamos tomar la cruz de cada día.
 Roguemos al Señor.

Venga tu auxilio sobre nosotros como lo esperamos de Ti.
 Por Jesucristo Nuestro Señor.

Domingo XXX. Tiempo ordinario. Ciclo B

Oremos a Dios Nuestro Padre, sabedores de su infinita misericordia.

- Para que la Iglesia guíe siempre a sus hijos hasta Jesucristo.
Roguemos al Señor.

- Por los que son ciegos a su miseria espiritual: para que se arrepientan y conviertan.
Roguemos al Señor.

- Por los que han caído en desesperanza y han dejado de avanzar en el camino del Señor: para que recuperen la ilusión de seguirte.
Roguemos al Señor.

- Para que la oposición del mundo no consiga detenernos en difundir el evangelio.
Roguemos al Señor.

Escucha Padre nuestras súplicas como tu Hijo escuchó las súplicas del ciego Bartimeo.
Por Jesucristo Nuestro Señor.

Domingo XXXI. Tiempo ordinario. Ciclo B

Sabedores de que el Padre tanto amó al mundo que le entregó a su Hijo, oremos.

- Por los miembros de la Iglesia: para que seamos siempre ejemplo de amor a Dios.
　Roguemos al Señor.

- Por los que necesitan ayuda espiritual: para que seamos para ellos consuelo y esperanza.
　Roguemos al Señor.

- Por nuestras familias: para que sean escuelas de amor al prójimo.
　Roguemos al Señor.

- Por nosotros: para que seamos fieles a los mandamientos de la ley de Dios.
　Roguemos al Señor.

Te pedimos nos concedas nuestras súplicas, confiados en tu amor por nosotros.
　Por Jesucristo Nuestro Señor.

Domingo XXXII. Tiempo ordinario. Ciclo B

Oremos al Padre, que entregó generosamente a su Hijo Jesucristo para nuestra salvación.

- Por la Iglesia: para que haga llegar su gracia a todas las naciones.
  Roguemos al Señor.

- Por las familias: para que todos sus miembros colaboren en su bien material y espiritual.
  Roguemos al Señor.

- Para que los que pasan necesidad, en el cuerpo o en el alma vean satisfechas sus carencias.
  Roguemos al Señor.

- Para que seamos generosos con el prójimo.
  Roguemos al Señor.

Te lo pedimos, confiados en tu infinita generosidad.
  Por Jesucristo Nuestro Señor.

Domingo XXXIII. Tiempo ordinario. Ciclo B

Elevemos nuestras súplicas a Dios Padre de misericordia.

- Para que la Iglesia sea la esposa fiel de Jesucristo hasta el fin de los tiempos.
 Roguemos al Señor.

- Para que todas las naciones se congreguen en la fe verdadera.
 Roguemos al Señor.

- Para que los que han perdido la esperanza en tu segunda venida vuelvan a la fe.
 Roguemos al Señor.

- Para que todos nosotros estemos siempre preparados para tu segunda venida.
 Roguemos al Señor.

Te lo pedimos, por intercesión de Nuestro Señor Jesucristo, Juez misericordioso.
 Que contigo vive y reina por los siglos de los siglos.

Domingo II. Tiempo ordinario. Ciclo C

Conociendo que Dios Padre nos protege de todo mal, pidámosle confiadamente.

- Por la Iglesia: para que sea la esposa fiel de Cristo.
Roguemos al Señor.

- Por los que han perdido la ilusión en la búsqueda de Dios: para que recuperen la esperanza.
Roguemos al Señor.

- Por todos los matrimonios: para que la fidelidad constante sea en nuestra sociedad fermento de paz y unidad.
Roguemos al Señor.

- Por los niños: para que crezcan en un hogar donde también esté presente Cristo.
Roguemos al Señor.

Te lo pedimos, con la ayuda de la Virgen María, la que daba calor al hogar de Nazaret, y de tu Hijo Jesucristo.
Que contigo vive y reina por los siglos de los siglos.

Domingo III. Tiempo ordinario. Ciclo C

Habiendo derramado Dios Padre de modo sobreabundante su gracia sobre nosotros, oremos.

- Por la Iglesia: para que pueda ejercer su labor en todo el mundo sin persecución.
Roguemos al Señor.

- Por los poderosos de este mundo: para que no opriman a los que quieren seguir a Cristo.
Roguemos al Señor.

- Por los que están alejados de la fe: para que les llegue la Buena Nueva del evangelio.
Roguemos al Señor.

- Para que siempre escuchemos con atención la palabra de Dios.
Roguemos al Señor.

Te lo pedimos, Padre, con el deseo de que aceptes nuestras peticiones.
Por Jesucristo Nuestro Señor.

Domingo IV. Tiempo ordinario. Ciclo C

Sabedores de que Dios siempre está cerca de nosotros, oremos.

- Por la Iglesia: para que siempre sea capaz con la palabra de Dios de provocar la admiración de las gentes.
Roguemos al Señor.

- Por los que dudan en su fe: para que se fortalezcan aun sin milagros o regalos de Dios.
Roguemos al Señor.

- Por los que rechazan a Dios: para que se abran a su Palabra.
Roguemos al Señor.

- Para que nunca te alejes de nosotros por nuestra poca fe.
Roguemos al Señor.

Te lo pedimos, Dios Todopoderoso, en tu infinita caridad.
Por Jesucristo Nuestro Señor.

Domingo V. Tiempo ordinario. Ciclo C

Oremos al Padre, Señor de todo lo creado.

- Por la Iglesia: para que nos guíe a profundizar cada día más en la vida espiritual.
Roguemos al Señor.

- Por los poderosos: para que se sometan siempre a Dios, Rey y Señor de los Ejércitos.
Roguemos al Señor.

- Por todos los que hacen apostolado: para que perseveren en su misión fiados en tu palabra.
Roguemos al Señor.

- Por nosotros: para que tu grandeza nos lleve a la humildad y a aceptar tu voluntad.
Roguemos al Señor.

Te lo pedimos, sabedores de tu poder y de tu gloria.
Por Jesucristo Nuestro Señor.

Domingo VI. Tiempo ordinario. Ciclo C

Oremos a Dios Padre, fuente de toda alegría.

- Por la Iglesia: para que consuele a sus hijos perseguidos.
 Roguemos al Señor.

- Por todos los hombres: para que encuentren el Reino de Dios.
 Roguemos al Señor.

- Por los que sufren: para que encuentren la bienaventuranza prometida.
 Roguemos al Señor.

- Por nosotros: para que saciemos nuestra hambre de Dios.
 Roguemos al Señor.

Te lo pedimos a Ti, Padre, en quien ponemos nuestra confianza.
 Por Jesucristo Nuestro Señor.

Domingo VII. Tiempo ordinario. Ciclo C

Conociendo la misericordia de Dios, oremos al Padre.

- Por todos los perseguidores de la Iglesia: para su conversión.
 Roguemos al Señor.

- Por los que hacen el mal en la sociedad: para que enderecen sus caminos.
 Roguemos al Señor.

- Por los que nos aborrecen, maldicen o difaman: para que sean bendecidos por la gracia de Dios.
 Roguemos al Señor.

- Por nosotros: para que sepamos siempre perdonar.
 Roguemos al Señor.

Te lo pedimos a Ti, Padre compasivo y misericordioso, lento a la ira y rico en clemencia.
 Por Jesucristo Nuestro Señor.

Domingo VIII. Tiempo ordinario. Ciclo C

Sabedores de que Dios nos guía con su infinita sabiduría, oremos.

- Por la Iglesia: para que iluminada por Cristo sea guía para todos nosotros.
 Roguemos al Señor.

- Por los que guían las naciones: para que no sean ciegos a la luz de Cristo.
 Roguemos al Señor.

- Para que los padres sepan guiar a sus hijos con su ejemplo.
 Roguemos al Señor.

- Por nosotros: para que sepamos aceptar con humildad las correcciones que nos hagan.
 Roguemos al Señor.

Te lo pedimos y te damos gracias a Ti, Padre.
 Por Jesucristo Nuestro Señor.

Domingo IX. Tiempo ordinario. Ciclo C

Oremos al Padre, que gobierna cielo y tierra.

- Por la Iglesia: para que siempre se someta a Cristo.
Roguemos al Señor.

- Por los enfermos: para que les concedas la salud del alma y del cuerpo.
Roguemos al Señor.

- Por nuestros benefactores: para que les ayudes con tu inmensa generosidad.
Roguemos al Señor.

- Para que siempre, con disciplina y humildad, sepamos obedecer a Dios.
Roguemos al Señor.

Te lo pedimos, Padre todopoderoso.
Por Jesucristo Nuestro Señor.

Domingo X. Tiempo ordinario. Ciclo C

Oremos al Padre, conociendo su gran misericordia hacia nosotros en este valle de lágrimas.

- Por todos los que por medio de la confesión reviven a la vida de la gracia: para que los conserves siempre en ella con tu presencia.
Roguemos al Señor.

- Por las almas del purgatorio: para que les concedas entrar pronto en tu gloria celestial.
Roguemos al Señor.

- Por todos los que sufren la pérdida de un ser querido: para que les des paz en sus corazones.
Roguemos al Señor.

- Por todos los que por dificultades sienten necesidad de consuelo: para que nosotros podamos ser una ayuda que alivie sus penas.
Roguemos al Señor.

Concédenos estas peticiones y ten piedad de nosotros.
Por Jesucristo Nuestro Señor.

Domingo XI. Tiempo ordinario. Ciclo C

Oremos a Nuestro Dios, rico en misericordia, para que nos ayude.

- Para que en el sacramento de la penitencia, alcancemos con un sincero arrepentimiento de nuestros pecados la grandeza de la misericordia divina.
Roguemos al Señor.

- Para que tratemos a Nuestro Señor en la Eucaristía con la delicadeza que le corresponde, y lo recibamos siempre en gracia.
Roguemos al Señor.

- Por los que perdieron la fe: para que tu gracia los haga regresar.
Roguemos al Señor.

- Para que te rindamos un culto que te sea agradable y digno, por medio de la Santa Misa
Roguemos al Señor.

Esperamos nos concedas esta peticiones, con la intercesión de tu Hijo Jesucristo.
Que contigo vive y reina por los siglos de los siglos.

Domingo XII. Tiempo ordinario. Ciclo C

Suplicando la gracia y la clemencia de Dios, oremos al Padre.

- Por todos los que difunden la doctrina cristiana: para que sus vidas sean una imagen del Dios verdadero.
Roguemos al Señor.

- Para que Nuestro Señor se manifieste ante el mundo como el verdadero y único Dios verdadero.
Roguemos al Señor.

- Por todos los que padecen o son rechazados: para que encuentren tu consuelo y tu compañía.
Roguemos al Señor.

- Para que nuestra alma esté siempre sedienta de conocerte y amarte más.
Roguemos al Señor.

Atiende nuestras súplicas y concédenos la gracia para seguir tu camino.
Por Jesucristo Nuestro Señor.

Domingo XIII. Tiempo ordinario. Ciclo C

Guiados por el Espíritu oremos por nuestras necesidades y por las de todos los hombres.

- Para que el mensaje del evangelio sea aceptado en todas las naciones y pueblos.
 Roguemos al Señor.

- Para que los quehaceres de este mundo no nos impidan seguir tu camino.
 Roguemos al Señor.

- Por todos los que se niegan a recibirte: para que tu gracia les haga recapacitar y buscarte.
 Roguemos al Señor.

- Para que perseveremos en el camino de la vida cristiana.
 Roguemos al Señor.

Acepta nuestras preces y concédenos ser guiados por tu Espíritu en el camino de santidad.
 Por Jesucristo Nuestro Señor.

Domingo XIV. Tiempo ordinario. Ciclo C

Oremos a Dios todopoderoso, al que se someten todas las criaturas.

- Por las vocaciones: para que Dios Nuestro Señor, dueño de la mies, mande obreros a sus campos.
Roguemos al Señor.

- Por las naciones: para que sus habitantes puedan gozar de paz y seguridad.
Roguemos al Señor.

- Por todos los que sufren: para que sacies de consuelo a todos los afligidos y alegres sus corazones.
Roguemos al Señor.

- Por las familias: para que reine la paz en todos los hogares.
Roguemos al Señor.

Dios todopoderoso, acepta nuestras preces y no permitas que nos separemos de Ti, para que nuestros nombres estén escritos en el cielo.
Por Jesucristo Nuestro Señor.

Domingo XV. Tiempo ordinario. Ciclo C

Oremos a Dios, que con su infinita misericordia cuida de todos nosotros.

- Por la Iglesia: para que reparta a manos llenas entre tus fieles, el mayor de tus bienes, que es tu santa gracia.
 Roguemos al Señor.

- Por las naciones: para que sus habitantes puedan gozar de paz y seguridad.
 Roguemos al Señor.

- Por los enfermos: para que encuentren siempre quien los cuide y consuele.
 Roguemos al Señor.

- Por todos nuestros bienhechores, familia, amigos y conocidos: para que los cuides con tu divina providencia.
 Roguemos al Señor.

Dios misericordioso, acepta nuestras súplicas y guíanos para amarte con todo el corazón.
 Por Jesucristo Nuestro Señor.

Domingo XVI. Tiempo ordinario. Ciclo C

Oremos al Señor, que nos alimenta y guía con su palabra.

- Por la Iglesia: para que difunda la palabra de Dios a todas las gentes.
 Roguemos al Señor.

- Por los gobiernos de las naciones: para que estén prestos para servir a su pueblo.
 Roguemos al Señor.

- Por los padres de familia: para que su esfuerzo por educar y sostener a sus hijos sea premiado con tu gracia.
 Roguemos al Señor.

- Para que nuestras obligaciones no nos impidan orar y rendir culto a Dios.
 Roguemos al Señor.

Concédenos tu favor y, aceptando nuestras súplicas, no pases de largo junto a nosotros.
 Por Jesucristo Nuestro Señor.

Domingo XVII. Tiempo ordinario. Ciclo C

Confiados en tus palabras "Pedid y se os dará" elevemos nuestras súplicas.

- Para que nos concedas a todos nosotros el Espíritu Santo.
 Roguemos al Señor.

- Para que venga tu reino a gobernar la tierra.
 Roguemos al Señor.

- Para que no nos dejes caer en tentación y nos libres de todo mal.
 Roguemos al Señor.

- Para que nos concedas el pan de cada día para sostener a nuestras familias.
 Roguemos al Señor.

Padre celestial, que tu amistad y amor por todos nosotros nos concedan recibir las cosas buenas que te pedimos.
 Por Jesucristo Nuestro Señor.

Domingo XVIII. Tiempo ordinario. Ciclo C

Oremos al Señor, que es nuestro refugio de generación en generación.

- Para que por tu palabra, la Iglesia nos guíe para que aspiremos a los bienes del cielo y pongamos en ello nuestro corazón.
Roguemos al Señor.

- Por los que imparten justicia en las naciones: para que obren siempre conforme a tus leyes.
Roguemos al Señor.

- Para que ayudados por tu gracia podamos almacenar abundantes méritos para el cielo.
Roguemos al Señor.

- Para que nos libres de toda codicia, impureza y avaricia.
Roguemos al Señor.

Acepta nuestras peticiones y haz que nuestros esfuerzos y trabajos sean meritorios para el cielo.
Por Jesucristo Nuestro Señor.

Domingo XIX. Tiempo ordinario. Ciclo C

Confiados en tus promesas, esperamos tu ayuda aguardando la salvación.

- Por la Iglesia: para que aumenten sus hijos como las estrellas del cielo y las arenas incontables del mar.
 Roguemos al Señor.

- Por nuestra patria: para que sobreabunde en ella la fe y así anhelemos alcanzar nuestra patria del cielo.
 Roguemos al Señor.

- Por los que sufren: para que por la fe se sostengan sabiendo que todo lo que le pasa al cristiano es para su bien.
 Roguemos al Señor.

- Para que por la fe perseveremos sin desfallecer en la carrera, mientras aguardamos su venida gloriosa.
 Roguemos al Señor.

Te lo pedimos con fe, poniendo en Ti nuestra esperanza.
 Por Jesucristo Nuestro Señor.

Domingo XX. Tiempo ordinario. Ciclo C

Oremos al Señor, que es nuestro auxilio y cuida de nosotros.

- Por la Iglesia: para que predique siempre la verdad aunque el mundo se le oponga.
  Roguemos al Señor.

- Por los cristianos en territorios de persecución: para que se mantengan firmes en la fe.
  Roguemos al Señor.

- Por las familias: para que estén unidas en el amor.
  Roguemos al Señor.

- Para que nuestro amor a Dios nos empuje a combatir las tentaciones con ardor guerrero.
  Roguemos al Señor.

Acoge, Padre misericordioso, las súplicas de tu pueblo, que espera anhelante la venida de tu Hijo Jesucristo con todo su poder y toda su gloria.
  Que contigo vive y reina por los siglos de los siglos.

Domingo XXI. Tiempo ordinario. Ciclo C

Oremos a Dios Padre, que entregó a su Hijo para la Salvación del mundo.

- Por la Iglesia, que peregrina en este mundo: para que predique las exigencias de la vida cristiana lejos de toda tibieza.
Roguemos al Señor.

- Para que el evangelio sea predicado por todo el mundo y todas las naciones conozcan la gloria de Dios.
Roguemos al Señor.

- Para que sepamos aceptar humildemente las correcciones y fortalezcan nuestra vida espiritual.
Roguemos al Señor.

- Para que con tu gracia nos esforcemos por alcanzar el Reino de los Cielos.
Roguemos al Señor.

Concede a tus siervos estas peticiones y muéstranos el camino de la Salvación.
Por Jesucristo Nuestro Señor.

Domingo XXII. Tiempo ordinario. Ciclo C

Oremos humildemente a Dios, Creador y Señor de todas las cosas.

- Por todos los que sin reconocimientos humanos ejercen una labor pastoral: para que Tú los sostengas y animes en su misión.
Roguemos al Señor.

- Por los que ocupan los primeros puestos en el mundo: para que humildemente sirvan a los demás.
Roguemos al Señor.

- Por todos los que rezan por nosotros: para que reciban también frutos de su generosidad.
Roguemos al Señor.

- Por nosotros: para que nos dejemos guiar por tu sabia providencia con alegría.
Roguemos al Señor.

Sabedores de tu grandeza, Señor, te pedimos nos concedas estos bienes.
Por Jesucristo Nuestro Señor.

Domingo XXIII. Tiempo ordinario. Ciclo C

Pidamos al padre, que inspire Él mismo nuestras oraciones.

- Para que todos los miembros de la Iglesia pongamos a Nuestro Señor en el primer lugar de nuestras vidas.
 Roguemos al Señor.

- Por las autoridades: para que les des sabiduría enviándoles el Espíritu Santo, para que sus decisiones sigan los designios divinos.
 Roguemos al Señor.

- Por las familias: para que su amor mutuo sea un reflejo fiel de su amor a Dios.
 Roguemos al Señor.

- Por nosotros: para que perseveremos en nuestro camino hacia el cielo.
 Roguemos al Señor.

Concédenos lo que te pedimos y guíanos para cumplir lo que te agrada.
 Por Jesucristo Nuestro Señor.

Domingo XXIV. Tiempo ordinario. Ciclo C

Oremos al Rey de los siglos, inmortal, invisible y único Dios.

- Para que tu Iglesia no se desvíe del camino que Tú le marcaste y se acrecienten sus miembros como las estrellas del cielo.
 Roguemos al Señor.

- Por todos los que nos han pedido que recemos por ellos.
 Roguemos al Señor.

- Por los que perdieron la fe: para que tu gracia les haga volver al buen camino.
 Roguemos al Señor.

- Por nosotros: para que no guardemos en nuestros corazones envidias, resentimientos o rencores.
 Roguemos al Señor.

Padre misericordioso, acoge nuestras oraciones y concédenos la gracia de mantenernos fieles a tu palabra.
 Por Jesucristo Nuestro Señor.

Domingo XXV. Tiempo ordinario. Ciclo C

Oremos elevando plegarias, suplicas y acciones de gracias por todos los hombres.

- Por la Iglesia: para que lleve la buena nueva a todos los hombres para que se salven y lleguen al conocimiento de la verdad.
 Roguemos al Señor.

- Por los que gobiernan: para que por sus acciones podamos llevar una vida tranquila y apacible con toda piedad y decoro.
 Roguemos al Señor.

- Por todos los que administran bienes en este mundo: para que actúen siempre orientados por tus leyes y con su mirada en alcanzar los bienes del cielo.
 Roguemos al Señor.

- Por nosotros: para que estemos libres de toda ira y división.
 Roguemos al Señor.

Te lo pedimos a Ti, nuestro Dios y Señor, por intercesión de tu Hijo Jesucristo.
 Que contigo vive y reina por los siglos de los siglos.

Domingo XXVI. Tiempo ordinario. Ciclo C

Oremos al bienaventurado y único soberano, Rey de reyes y Señor de señores.

- Por los pastores de la Iglesia: para que cuiden siempre del rebaño a ellos encomendado orientándolo a cumplir los mandamientos.
Roguemos al Señor.

- Por todos los hombres: para que practiquen la justicia, la piedad, la fe, el amor, la paciencia y la delicadeza.
Roguemos al Señor.

- Por los que por sus vicios llevan una vida disoluta: para que cambien sus corazones y se conviertan.
Roguemos al Señor.

- Para que guardemos los mandamientos sin mancha ni reproche hasta la venida de Nuestro Señor Jesucristo.
Roguemos al Señor.

Acepta nuestras peticiones y concédenos alcanzar la gloria del cielo.
Por Jesucristo Nuestro Señor.

Domingo XXVII. Tiempo ordinario. Ciclo C

Clamemos al Señor, que siempre escucha nuestras peticiones.

- Para que aumentes nuestra fe.
 Roguemos al Señor.

- Por los gobernantes: para que sirvan al pueblo a ellos encomendado.
 Roguemos al Señor.

- Por los niños: para que sometidos a obediencia a sus padres aprendan a obedecer a Dios Nuestro Padre.
 Roguemos al Señor.

- Para que cumplamos humilde y fielmente la misión que Dios nos ha encomendado.
 Roguemos al Señor.

Sabiéndonos indignos de tus bienes, te pedimos nos concedas estas súplicas.
 Por Jesucristo Nuestro Señor.

Domingo XXVIII. Tiempo ordinario. Ciclo C

Señor nuestro, rico en misericordia, ten compasión de nosotros y acepta nuestras peticiones.

- Por la Iglesia: para que siempre dé gloria a Dios celebrando el Santo Sacrificio de la Misa de modo digno y agradable a tus ojos.
Roguemos al Señor.

- Para que toda la humanidad te rinda el culto que te mereces como Dios y Señor nuestro.
Roguemos al Señor.

- Por los enfermos y todos los que sufren: para que les concedas la salud del alma y del cuerpo.
Roguemos al Señor.

- Por todos a los que nos has concedido tus dones y tu gracia: para que seamos agradecidos contigo con nuestras obras.
Roguemos al Señor.

Te lo pedimos aceptes nuestras súplicas y te damos gracias por todo lo que nos concedes.
Por Jesucristo Nuestro Señor.

Domingo XXIX. Tiempo ordinario. Ciclo C

Conociendo que escuchas a tus elegidos que te suplican de día y de noche, oremos.

- Por la Iglesia: para que proclame siempre la Palabra, a tiempo y a destiempo.
 Roguemos al Señor.

- Para que perseveremos en el camino hacia Dios.
 Roguemos al Señor.

- Por los que sufren injusticias: para que los ampares sin tardar.
 Roguemos al Señor.

- Para que oremos siempre y sin desanimarnos.
 Roguemos al Señor.

Mantennos con fe para que cuando llegue Nuestro Señor nos encuentre bien dispuestos.
 Por Jesucristo Nuestro Señor.

Domingo XXX. Tiempo ordinario. Ciclo C

Invoquemos al Señor, para que nos libre de toda angustia y aflicción.

- Para que toda la Iglesia anuncie íntegro el mensaje de Salvación y espere con amor la venida de Nuestro Señor.
Roguemos al Señor.

- Por los ancianos: para que encuentren siempre el apoyo que necesitan.
Roguemos al Señor.

- Por los niños huérfanos: para que sientan y encuentren en Dios a un Padre y en la Virgen María a una madre.
Roguemos al Señor.

- Para que Tu, oh Dios, tengas compasión de nosotros, pecadores.
Roguemos al Señor.

Escucha nuestras súplicas, líbranos de todo mal, sálvanos y llévanos al Reino de los Cielos.
Por Jesucristo Nuestro Señor.

Domingo XXXI. Tiempo ordinario. Ciclo C

Conociendo que sostienes a los que van a caer y enderezas a los que ya se doblan, escucha nuestras súplicas.

- Por la Iglesia: para que cada uno de sus miembros sea digno de su vocación y pueda cumplir la tarea de la fe.
Roguemos al Señor.

- Por los que ejercen injustamente su poder: para que reparen sus injusticias con generosidad.
Roguemos al Señor.

- Para que nos mantengas alejados del pecado y nos concedas la alegría de alojarte en nuestra alma.
Roguemos al Señor.

- Para que las cosas de este mundo no nos impidan conocerte y amarte.
Roguemos al Señor.

Dirige tu mirada hacia nosotros y acepta nuestras súplicas.
Por Jesucristo Nuestro Señor.

Domingo XXXII. Tiempo ordinario. Ciclo C

Señor, escucha nuestras peticiones, atiende a nuestros clamores y presta oído a nuestras súplicas.

- Por la Iglesia: para que la palabra de Dios avance gloriosa y se vea libre de toda perversidad y maldad.
Roguemos al Señor.

- Para que el mundo no nos desoriente y conociendo la doctrina cristiana mantengamos firme nuestra fe.
Roguemos al Señor.

- Para que concedas en todos los hogares la presencia de unos padres que eduquen a sus hijos en la fe.
Roguemos al Señor.

- Para que nuestra fe en la Resurrección elimine todos nuestros temores y nos dé fortaleza en la lucha.
Roguemos al Señor.

Acepta nuestras preces para alcanzar el consuelo que nos dé fuerza para toda obra buena.
Por Jesucristo Nuestro Señor.

Domingo XXXIII. Tiempo ordinario. Ciclo C

Oremos honrando el nombre de Dios para que nos ilumine un sol de justicia que nos conceda la salud del cuerpo y del alma.

- Por la Iglesia: para que la encuentres fiel en tu segunda venida.
 Roguemos al Señor.

- Por todos los que viven en países donde son perseguidos por su fe: para que les des fuerza para mantenerse firmes.
 Roguemos al Señor.

- Para que toda familia tenga el trabajo que le dé el sustento diario.
 Roguemos al Señor.

- Para que nos mantengamos perseverantes en la lucha y alcancemos la salvación.
 Roguemos al Señor.

Te lo pedimos a Ti, Dios todopoderoso, Señor del cielo y de la tierra.
 Por Jesucristo Nuestro Señor.

PRECES PARA DIVERSAS CELEBRACIONES

Primeras Comuniones

Oremos hermanos, al Padre, por los que van a participar hoy por primera vez de la mesa eucarística y por toda la familia santa de Dios.

- Para que nuestros niños que reciben hoy por primera vez la Sagrada Comunión crezcan en sabiduría y gracia.
Roguemos al Señor.

- Para que Cristo, con su presencia real en la Eucaristía, les dé victoria en la tentación, valentía en el temor y consuelo en el sufrimiento.
Roguemos al Señor.

- Para que sus padres sean siempre ejemplo y estímulo y aseguren así su perseverancia en la fe.
Roguemos al Señor.

- Por todos los que están hambrientos de Dios: para que se vean saciados con su presencia.
Roguemos al Señor.

Concede, Dios todopoderoso, a estos niños por quienes hemos orado la salud del cuerpo y del alma: guárdalos de todo mal para que puedan servirte con todo su corazón.
Por Jesucristo Nuestro Señor.

Matrimonio

Oremos, hermanos, por las necesidades de la Santa Iglesia y de todo el mundo, y encomendemos especialmente a nuestros hermanos *N.* y *N.* que acaban de celebrar con gozo su matrimonio.

- Por la Santa Iglesia: para que Dios le conceda ser siempre la esposa fiel de Jesucristo.
 Roguemos al Señor.

- Por los nuevos esposos *N.* y *N.*: para que el Espíritu Santo les llene con su gracia y haga de su unión un signo del amor de Jesucristo a su Iglesia.
 Roguemos al Señor.

- Por nuestro hermano *N.*: para que sea siempre fiel al Señor como Abrahán y admirable por su piedad y honradez como Tobías.
 Roguemos al Señor.

- Por nuestra hermana *N.*: para que sea siempre irreprensible en su conducta, brille por su dulzura y pureza, humildad y prudencia.
 Roguemos al Señor.

Escucha, Padre, nuestra oración, y concede a tus siervos conservar el amor en la unidad.
 Por Jesucristo Nuestro Señor.

Difuntos

Oremos hermanos, confiadamente a Dios Padre todopoderoso, que ha resucitado a su Hijo de entre los muertos para que escuche nuestra plegaria.

- Por nuestros hermanos que han terminado su peregrinación terrena: para que formen parte de la Iglesia triunfante.
Roguemos al Señor.

- Por las almas del purgatorio: para que puedan gozar pronto de tu presencia.
Roguemos al Señor.

- Por todos los presentes: para que la paz de Cristo reine en nuestros corazones.
Roguemos al Señor.

- Por todos los fieles difuntos que nos han precedido con la señal de la fe.
Roguemos al Señor.

Escucha, Padre, nuestras súplicas y concede a los difuntos gozar eternamente de la paz de Cristo; y a nosotros mantennos fieles en tu servicio, hasta que un día nos encontremos todos en tu Reino.
Por Jesucristo Nuestro Señor.

Índice de preces

I Principales santos y solemnidades por fechas 5

- Santa María Madre de Dios (1-enero) 6
- Epifanía (6-enero) 7
- Bautismo del Señor (entre 7 y 13-enero) 8
- San Francisco de Sales (24-enero) 9
- La Purificación de María (2-febrero) 10
- Presentación del Señor (2-febrero) 11
- Nuestra Señora de Lourdes (11-febrero) 12
- San José (19-marzo) 13
- La Anunciación (25-marzo) 14
- Domingo de Ramos (entre 15-marzo y 18-abril) 110
- Jueves Santo (entre 19-marzo y 22-abril) 120
- Vigilia Pascual (entre 21-marzo y 24-abril) 15
- Domingo de Resurrección (entre 22-marzo y 25-abril) 15
- Santa Catalina de Siena (29-abril) 16
- La Ascensión (entre 30-abril y 6-junio) 17
- Pentecostés (entre 10-mayo y 13-junio) 18
- La Santísima Trinidad (entre 17-mayo y 20-junio) 19
- Corpus Christi (entre 21-mayo y 27-junio) 20
- San Antonio de Padua (13-junio) 21
- San Juan Bautista (24-junio) 22
- San Pedro y San Pablo (29-junio) 23
- Santo Tomás apóstol (3-julio) 24
- La Virgen del Carmen (16-julio) 25
- Santiago Apóstol (25-julio) 26
- San Juan María Vianney (4-agosto) 27
- La Transfiguración de Nuestro Señor (6-agosto) 28
- La Asunción de la Virgen María (15-agosto) 29
- Bienaventurada Virgen María, Reina (22-agosto) 30
- Santa Rosa de Lima (30-agosto) 31
- Natividad de Santa María (8-septiembre) 32
- Santísimo Nombre de María (12-septiembre) 33
- Exaltación de la Santa Cruz (14-septiembre) 34

- San Pío de Pietrelcina (23-septiembre) 35
- San Miguel, Gabriel y Rafael (29-septiembre) 36
- San Francisco de Asís (4-octubre) 37
- Santa Teresa de Jesús (15-octubre) 38
- San Antonio María Claret (24-octubre) 39
- Todos los Santos (1-noviembre) 40
- San Alberto Magno (15-noviembre) 41
- Jesucristo, Rey del universo (entre 20 y 26-noviembre) 42
- La Inmaculada Concepción (8-diciembre) 43
- Nochebuena y Navidad (25-diciembre) 44
- La Sagrada Familia (entre 26 y 31-diciembre) 45

II Común de los santos 47

- Santa María Virgen 48
- Pastores 54
- Mártires 60
- Apóstoles 66
- Vírgenes 70
- Santos 74
- Religiosos 78
- Evangelistas 80

III Propias del tiempo 83

- Adviento: 84
  * Domingos (I-IV) 84
  * Ferias 88
- Navidad: 98
  * Nochebuena y Navidad 44
  * La Sagrada Familia 45
  * Domingo II después de Navidad 98
  * Santa María Madre de Dios 6
  * Epifanía 7
  * Bautismo del Señor 8
  * Ferias 99

- Cuaresma: 104
    * Miércoles de ceniza 104
    * Domingos (I-V) 105
    * Domingos de Ramos 110
    * Ferias 111
- Jueves Santo 120
- Pascua: 121
    * Vigilia Pascual 15
    * Domingo de Resurrección 15
    * Domingos (II-VII) 121
    * La Ascensión 17
    * Pentecostés 18
    * Ferias 127
- Tiempo ordinario: 136
    * Ferias (preces comunes) 136
    * Domingos 152
        - Ciclo A 152
        - Ciclo B 184
        - Ciclo C 216

IV <u>Diversas celebraciones</u>   249

- Primeras Comuniones 250
- Matrimonio 251
- Difuntos 252

Se omiten algunas oraciones de los fieles que tienen sus propias peticiones en el mismo ritual como sucede el Viernes Santo, las confirmaciones...etc.

Índice guía por fechas

A continuación ofrecemos una guía cómoda para saber la oración de los fieles que corresponda a un día determinado y el lugar en que se encuentra

Los días no señalados se toman del tiempo correspondiente: navidad, tiempo ordinario, cuaresma,…

Las fiestas con fecha variable (como el bautismo del Señor, miércoles de ceniza...) y los tiempos de fecha variable (como navidad, cuaresma…) pueden cambiar de fecha en el calendario litúrgico. Pueden encontrarse al final de cada mes.

Puede haber santos locales que alteran el calendario. Aquí se han considerado principalmente los santos de España y América latina.

El santoral contempla multitud de santos que no están recogidos aquí. Solamente hemos recogido los principales.

Enero

* 1: Santa María Madre de Dios — 6
* 2: San Basilio Magno y San Gregorio Nacianceno — 54-59
* 3: Santísimo Nombre de Jesús — 94-97
* 6: La Epifanía del Señor — 7
* 7: San Raimundo de Peñafort — 54-59
* 9: San Eulogio de Córdova — 60-65
* 13: San Hilario — 54-59
* 17: San Antonio Abad — 78-79
* 20: San Fabián o — 60-65
    San Sebastián o — 60-65
    Santos Fructuoso, Augurio y Elogio — 60-65
* 21: Santa Inés — 60-65
* 22: San Vicente — 60-65
* 23: San Ildefonso — 54-59
* 24: San Francisco de Sales — 9
* 25: Conversión de San Pablo — 66-69
* 26: Santos Timoteo y Tito — 54-59
* 27: Santa Ángela de Merici — 70-73
* 28: Santo Tomás de Aquino — 54-59
* 31: San Juan Bosco — 54-59

Tiempos del mes:
* Navidad — 98-103
* Ordinario — 136-247

Fechas variables del mes:
* Bautismo del Señor (domingo entre 7 y 13-enero) — 8

Febrero

* 2: Purificación de María y Presentación del Señor	10-11
* 3: San Blas o	60-65
San Oscar	54-59
* 5: Santa Águeda	60-65
* 6: San Pablo Miki y compañeros	60-65
* 8: San Jerónimo Emiliani o	74-77
Santa Josefina	70-73
* 9: San Miguel Febres Cordero	78-79
* 10: Santa Escolástica	70-73
* 11: Bienaventurada Virgen María de Lourdes:	12
* 14: Santos Cirilo y Metodio	54-59
* 17: Los siete fundadores de la orden de la BVM	74-77
* 21: San Pedro Damián	54-59
* 22: Cátedra de San Pedro	66-69
* 23: San Policarpo	60-65

Tiempos del mes:
* Ordinario   136-247
* Cuaresma   104-119

Fechas variables del mes:
* Miércoles de ceniza (entre 4-febrero y 10-marzo)   104

Marzo

* 4: San Casimiro: 74-77
* 7: Santas Perpetua y Felicidad 60-65
* 8: San Juan de Dios 78-79
* 9: Santa Francisca Romana 78-79
* 17: San Patricio 54-59
* 18: San Cirilo de Jerusalén 54-59
* 19: San José 13
* 23: Santo Toribio de Mogrovejo 54-59
* 25: La Anunciación 14

Tiempos del mes:
* Ordinario 136-247
* Cuaresma 104-119
* Pascua 121-135

Fechas variables del mes:
* Miércoles de ceniza (entre 4-febrero y 10-marzo) 104
* Domingo de Ramos (entre 15-marzo y 18-abril) 110
* Jueves Santo (entre 19-marzo y 22-abril) 120
* Domingo de Resurrección (entre 22-marzo y 25-abril) 16

Abril

* 2: San Francisco de Paula	78-79
* 4: San Isidoro (en otros lugares el 26-abril)	54-59
* 5: San Vicente Ferrer	54-59
* 7: San Juan Bautista de la Salle	54-59
* 11: San Estanislao	60-65
* 13: San Martín I o	60-65
San Hermenegildo	60-65
* 20: B. Virgen María como "Dolorosa del Colegio"	48-53
* 21: San Anselmo	54-59
* 23: San Jorge o	60-65
San Adalberto	60-65
* 24: San Fidel de Sigmaringa	60-65
* 25: San Marcos	80-81
* 26: San Isidoro (en otros lugares el 4-abril)	54-59
* 28: San Pedro Chanel o	60-65
San Luis María Grignion de Montfort	54-59
* 29: Santa Catalina de Siena	15
* 30: San Pío V	54-59

Tiempos del mes:
* Cuaresma 104-119
* Pascua 121-135

Fechas variables del mes:
* Domingo de Ramos (entre 15-marzo y 18-abril) 110
* Jueves Santo (entre 19-marzo y 22-abril) 120
* Domingo de Resurrección (entre 22-marzo y 25-abril) 16
* La Ascensión (entre 30-abril y 6-junio) 17

Mayo

* 1: San José, obrero (se toma del 19 de marzo)	13
* 2: San Atanasio	54-59
* 3: Santos Felipe y Santiago	66-69
* 10: San Juan de Ávila	54-59
* 12: San Pancracio o	60-65
Santos Nereo y Aquiles	60-65
* 13: Bienaventurada Virgen María de Fátima	48-53
* 14: San Matías	66-69
* 15; San Isidro, labrador	74-77
* 17: San Pascual Bailón	78-79
* 18: San Juan I	60-65
* 19: Santa María Bernarda Bütler	70-73
* 20: San Bernardino de Siena	54-59
* 21: San Cristóbal Magallanes y compañeros	60-65
* 22: Santa Rita de Casia o	78-79
Santa Joaquina Vedruna	78-79
* 24: María Auxiliadora	48-53
* 25: San Beda el Venerable o	54-59
San Gregorio VII o	54-59
Santa María Magdalena de Pazzi	70-73
* 26: Santa Mariana de Jesús Paredes y Flores	70-73
San Felipe Neri (otras veces el día 28)	54-59
* 27: San Agustín de Canterbury	54-59
* 28: San Felipe Neri (otras veces el día 26)	54-59
* 29: San Maximino de Tréveris	54-59
* 30: San Fernando	74-77
* 31: Visitación de la Virgen María	48-53

Tiempos del mes:
* Pascua   121-135

Fechas variables del mes:
* La Ascensión (entre 30-abril y 6-junio)   17
* Pentecostés (entre 10-mayo y 13-junio)   18
* Bienaventurada Virgen María, Madre de la Iglesia
  (lunes tras Pentecostés: entre 11-mayo y 14-junio)   48-53

* Jesucristo, Sumo y Eterno Sacerdote
  (jueves tras Pentecostés: entre 14-mayo y 17-junio)   116
* La Santísima Trinidad (entre 17-mayo y 20-junio)   19
* Corpus Christi (entre 21-mayo y 27-junio)   20
* Sagrado Corazón de Jesús (viernes)
  (20 días tras Pentecostés: entre 29-mayo y 2-julio)   116
* Inmaculado Corazón de B. V. M. (sábado)
  (21 días tras Pentecostés: entre 30-mayo y 3-julio)   48-53

Junio

* 1: San Justino	60-65
* 2: Santos Marcelino y Pedro	60-65
* 3: San Carlos Luanga y compañeros	60-65
* 5: San Bonifacio	60-65
* 6: San Norberto	54-59
* 9: San Efrén	54-59
* 11: San Bernabé	66-69
* 13: San Antonio de Padua	21
* 15: Santa María Micaela del Santísimo Sacramento	70-73
* 19: San Romualdo	78-79
* 21: San Luis Gonzaga	78-79
* 22: San Paulino de Nola o	54-59
San Juan Fisher y Santo Tomás Moro	60-65
* 24: Natividad de San Juan Bautista	22
* 26: San Pelayo	60-65
* 27: San Cirilo de Alejandría	54-59
* 28: San Ireneo	60-65
* 29: Santos Pedro y Pablo	23
* 30: Santos Protomártires de la Iglesia Romana	60-65

Tiempos del mes:
* Pascua   121-135
* Ordinario   136-247

Fechas variables del mes:
* La Ascensión (entre 30-abril y 6-junio)	17
* Pentecostés (entre 10-mayo y 13-junio)	18
* V. María, Madre de la Iglesia	
(lunes tras Pentecostés: entre 11-mayo y 14-junio)	48-53
* Jesucristo, Sumo y Eterno Sacerdote	
(jueves tras Pentecostés: entre 14-mayo y 17-junio)	116
* La Santísima Trinidad (entre 17-mayo y 20-junio)	19
* Corpus Christi (entre 21-mayo y 27-junio)	20
* Sagrado Corazón de Jesús (viernes)	
(20 días tras Pentecostés: entre 29-mayo y 2-julio)	116
* Inmaculado Corazón de B. V. M. (sábado)	
(21 días tras Pentecostés: entre 30-mayo y 3-julio)	48-53

Julio

* 3: Santo Tomás apóstol	24
* 4: Santa Isabel de Portugal	74-77
* 5: San Antonio María Zaccaría	54-59
* 6: Santa María Goretti	60-65
* 9: San Agustín Zhao y compañeros o	60-65
Nuestra Señora del Rosario de Chiquinquirá	48-53
* 11: San Benito	78-79
* 13: San Enrique	74-77
* 14: San Camilo de Lelis	54-59
San Francisco Solano	54-59
* 15: San Buenaventura	54-59
* 16: Bienaventurada Virgen María del Monte Carmelo	25
* 20: San Apolinar	60-65
* 21: San Lorenzo de Brindis	54-59
* 22: Santa María Magdalena	74-77
* 23: Santa Brígida	78-79
* 24: San Sarbelio	54-59
* 25: Santiago apóstol	26
* 26: San Joaquín y Santa Ana	74-77
* 28: María, Reina de la Paz	48-53
* 29: Santa Marta, María y Lázaro	74-77
* 30: San Pedro Crisólogo	54-59
* 31: San Ignacio de Loyola	54-59

Tiempos del mes:
* Ordinario   136-247

Fechas variables del mes:
* Sagrado Corazón de Jesús (viernes)
  (20 días tras Pentecostés: entre 29-mayo y 2-julio)   116
* Inmaculado Corazón de B. V. M. (sábado)
  (21 días tras Pentecostés: entre 30-mayo y 3-julio)   48-53

Agosto

* 1: San Alfonso María de Ligorio	54-59
* 2: San Eusebio de Vercelli o	54-59
San Pedro Julián Eymard	54-59
* 4: San Juan María Vianney	27
* 5: Dedicación de la basílica de Santa María	48-53
* 6: La Transfiguración de Nuestro Señor	28
* 7: San Sixto II o	60-65
San Cayetano	54-59
* 8: Santo Domingo de Guzmán	54-59
* 9: Santa Teresa Benedicta de la Cruz	60-65
* 10: San Lorenzo	60-65
* 11: Santa Clara	70-73
* 12: Santa Juana Francisca de Chantal	78-79
* 13: Santos Ponciano e Hipólito	60-65
* 14: San Maximiliano Kolbe	60-65
* 15: La Asunción de la Virgen María	29
* 16: San Esteban de Hungría	74-77
* 18: San Roque	74-77
* 19: San Juan Eudes o	54-59
San Ezequiel Moreno Díaz	54-59
* 20: San Bernardo	78-79
* 21: San Pío X	54-59
* 22: Bienaventurada Virgen María, Reina	30
* 23: Santa Rosa de Lima (en otros lugares el 30-agosto)	31
* 24: San Bartolomé	66-69
* 25: San Luis de Francia o	74-77
San José de Calasanz	54-59
* 26: Santa Teresa de Jesús Jornet e Ibars	70-73
* 27: Santa Mónica	74-77
* 28: San Agustín	54-59
* 29: Martirio de San Juan Bautista	60-65
* 30: Santa Rosa de Lima (en otros lugares el 23-agosto)	31

Tiempos del mes:
* Ordinario 136-247

Septiembre

* 3: San Gregorio Magno	54-59
* 8: Natividad de la Bienaventurada Virgen María	32
* 9: San Pedro Claver	54-59
* 11: Nuestra Señora de Coromoto	48-53
* 12: Santísimo Nombre de María	33
* 13: San Juan Crisóstomo	54-59
* 14: Exaltación de la Santa Cruz	34
* 15: Bienaventurada Virgen María de los Dolores	48-53
* 16: Santos Cornelio y Cipriano	60-65
San Juan Macías	78-79
* 17: San Roberto Belarmino	54-59
* 19: San Jenaro	60-65
* 20: Santos Andrés Kim, Pablo Chong y compañeros	60-65
* 21: San Mateo	80-81
* 23: San Pío de Pietrelcina	35
* 24: Bienaventurada Virgen María de la Merced	48-53
* 26: Santos Cosme y Damián	60-65
* 27: San Vicente de Paúl	54-59
* 28: San Wenceslao o	60-65
San Lorenzo Ruiz y compañeros	60-65
* 29: Santos Miguel, Gabriel y Rafael	36
* 30: San Jerónimo	54-59

Tiempos del mes:
* Ordinario   136-247

Octubre

* 1: Santa Teresita del Niño Jesús   70-73
* 2: Santo Ángeles Custodios (se toma del 29-septiembre)   36
* 3: San Francisco de Borja   54-59
* 4: San Francisco de Asís   37
* 5: Santa Faustina Kowalska   70-73
* 6: San Bruno   54-59
* 7: Bienaventurada Virgen María del Rosario   48-53
* 9: San Dionisio y compañeros o   60-65
     San Juan Leonardi   54-59
* 10: Santo Tomás de Villanueva   54-59
      San Luis Beltrán   54-59
* 11: Santa Soledad Torres Acosta   70-73
* 12: Bienaventurada Virgen María del Pilar   48-53
* 14: San Calixto I   60-65
* 15: Santa Teresa de Jesús   38
* 16: Santa Margarita María Alacoque o   70-73
      Santa Eduvigis   78-79
* 17: San Ignacio de Antioquía   60-65
* 18: San Lucas   80-81
* 19: San Pablo de la Cruz o   54-59
      San Pedro de Alcántara o   54-59
      Santos Juan Brébeuf, Isaac Jogues y compañeros   60-65
* 22: San Marcos de Jerusalén   54-59
* 23: San Juan de Capistrano   54-59
* 24: San Antonio María Claret   39
* 28: Santos Simón y Judas   66-69

Tiempos del mes:
* Ordinario   136-247

Noviembre

* 1: Todos los santos   40
* 2: Conmemoración de todos los fieles difuntos   138
* 3: San Martín de Porres   78-79
* 4: San Carlos Borromeo   54-59
* 9: Dedicación de la Basílica de Letrán   66-69
* 10: San León Magno   54-59
* 11: San Martín de Tours   54-59
* 12: San Josafat   60-65
* 13: San Leandro   54-59
* 15: San Alberto Magno   41
* 16: Santa Gertrudis   70-73
    Santa Margarita de Escocia   74-77
* 17: Santa Isabel de Hungría   74-77
* 18: Dedicación de Basílicas de San Pedro y San Pablo   66-69
* 21: Presentación de la Bienaventurada Virgen María   48-53
* 22: Santa Cecilia   60-65
* 23: San Clemente I   60-65
    San Columbano   78-79
* 24: San Andrés Dunc y compañeros   60-65
* 25: Santa Catalina de Alejandría   60-65
* 30: San Andrés   66-69

Tiempos del mes:
* Ordinario   136-247
* Adviento   84-97

Fechas variables del mes:
* Jesucristo, Rey del Universo (entre 20 y 26-noviembre)   42

Diciembre

* 3: San Francisco Javier	54-59
* 4: San Juan Damasceno	54-59
* 6: San Nicolás	54-59
* 7: San Ambrosio	54-59
* 8: La Inmaculada Concepción	43
* 9: Santa Narcisa de Jesús o	70-73
San Juan Diego Cuauhtlatoatzin	74-77
* 10: Bienaventurada Virgen María de Loreto o	48-53
Santa Eulalia de Mérida	60-65
* 11: San Dámaso I	54-59
* 12: Bienaventurada Virgen María de Guadalupe	48-53
Santa Juana Francisca de Chantal	78-79
* 13: Santa Lucía	60-65
* 14: San Juan de la Cruz	54-59
* 21: San Pedro Canisio	54-59
* 23: San Juan de Kety	54-59
* 25: Nochebuena y Navidad	44
* 26: San Esteban	60-65
* 27: San Juan Evangelista	80-81
* 28: Los Santos Inocentes	60-65
* 29: Santo Tomás Becket	60-65
* 31: San Silvestre I	54-59

Tiempos del mes:
* Ordinario   136-247
* Adviento   84-97
* Navidad   98-103

Fechas variables:
* La Sagrada Familia (entre 26 y 31-diciembre)
  (domingo de la octava de Navidad, o día 30 si no hay)   45

www.ingramcontent.com/pod-product-compliance
Lightning Source LLC
Chambersburg PA
CBHW050732010526
44107CB00010B/823